예수님과 함께 가는 제자의 길

로이 로버트슨

네비게이토 출판사
TO KNOW CHRIST AND TO MAKE HIM KNOWN

네비게이토 선교회는
국제적이며 복음적인 기독교 기관이다.
예수 그리스도께서는 자기를 따르는 자들에게
"너희는 가서 모든 족속으로 제자를 삼으라"
(마태복음 28:19)는 지상사명을 주셨다.
네비게이토 선교회는 세계 모든 국가에서
예수 그리스도의 일꾼들을 배가시켜
이 지상사명의 성취를 돕는 것을
근본 목표로 하고 있다.

네비게이토 출판사는
네비게이토 선교회의 문서 선교를 담당하고 있다.
본 출판사에서는 그리스도인의 영적 성장을 돕는
서적과 자료들을 출판하여,
그리스도인의 삶의 기초가 견고한
헌신된 제자로 성장하게 하고,
나아가 성숙한 인격과 지도력을 갖춘
일꾼이 되도록 돕고 있다.

THE ROAD TO DISCIPLESHIP

Roy Robertson

Translated by permission
Title originally published in English as
THE ROAD TO DISCIPLESHIP
by The Navigators Singapore
ⓒ1992 by Roy Robertson
Korean Copyright ⓒ1997
by Korea NavPress

차 례

저자 소개　　7
추천의 말　　9
제 1 부 : 출발!
　들어가는 말　　13
　제 1 장 구원 : 새로운 삶의 시작　　19
　제 2 장 그리스도의 주재권을 인정함　　29
　제 3 장 죄로부터의 승리　　41
　제 4 장 기본적인 삶의 훈련　　49
제 2 부 : 더 높은 곳을 향하여…
　들어가는 말　　61
　제 5 장 성령으로 충만해짐　　65
　제 6 장 예수님을 닮아 감　　79
　제 7 장 하나님의 약속을 주장함　　95
　제 8 장 요약 : 제자의 삶의 7단계　　113
부 록　　119

저자 소개

로이 로버트슨은 1941년 일본이 하와이의 진주만을 공습하기 바로 전날 호놀룰루에서 네비게이토를 처음 만났습니다. 당시 그는 그곳에서 미 해군 조종사로 복무 중이었습니다. 1945년 네비게이토 간사가 된 그는 네비게이토 선교회의 창시자인 도슨 트로트맨의 집에서 살며 훈련을 받았고, 1947년에는 고향인 텍사스에서 네비게이토 사역의 문을 열었습니다. 그리고 그 이듬해인 1948년 네비게이토 선교회에서 파송한 최초의 해외 선교사가 되어 아시아로 갔습니다.

그는 중국과 대만, 일본, 싱가포르, 그리고 인도네시아에서 네비게이토 사역을 개척했습니다. 1962년 싱가포르에서 네비게이토 사역을 시작할 때, 그는 섬을 가로질러 16마일을 걸으면서, 싱가포르로부터 세계 만방으로 사람들을 파송하여 주님의 일꾼들을 배가하게 해달라고 하나님의 약속을 주장하며 기도하였고, 그의 기도는 응답되었습니다. 또한 그는 네비게이토 선교회의 아시아 지역 책임자로서 필리핀, 홍콩, 인도, 그리고 한국에서의 선교 사역을 시작하는 데 관여하기도

하였습니다.

   그는 1987년에 일선 선교 사역에서 은퇴한 후에도 인도네시아, 인도, 필리핀, 그리고 홍콩에서 주님의 일에 힘쓰고 있습니다.

   여섯 자녀 가운데 두 딸은 각각 남편과 함께 네비게이토 선교사로 일하고 있으며, 두 아들은 저자의 사역에 함께 참여하고 있습니다.

추천의 말

30년이 넘도록 깊은 사랑과 우정을 나누어 온 친구가 쓴 이 책의 추천의 말을 쓸 수 있는 특권을 누리게 되어 참으로 기쁘게 생각합니다. 하나님께서는 제자를 삼고 일꾼을 배가하는 네비게이토 사역에 그를 사용해 오셨습니다.

저자는 선교사로 아시아의 여러 나라와 도시에서 주님의 지상사명을 성취하는 일에 평생을 헌신해 온 주님의 충성된 종입니다. 그는 말씀의 사람이요, 자애로운 남편과 아버지요, 훌륭한 상담자와 교사요, 양들에 대해 민망히 여기는 사랑 많은 목자와 전도자요, 제자삼는 일꾼입니다.

저자는 주님과 주님의 말씀을 사랑하였으며, 그 사랑은 주님께 대한 충성과 순종으로 표현되었습니다. 그는 수많은 어려움을 겪으면서도 주님을 위해 수고하였고, 많은 열매를 맺었습니다. 그러한 것들이 이 책에 구체적으로 잘 나타나 있습니다. 이 책을 공부한다면 초신자들뿐 아니라 믿은 지 오래 된 사람들에게도 큰 격려와 축복이 될 것

예수님과 함께 가는 제자의 길

입니다. 주님의 제자로서 우리가 주님과 함께 본향으로 가는 순례의 길을 가면서 한 걸음 한 걸음 발걸음을 옮길 때마다, 그리고 우리가 맞이하는 다양한 상황에서 본서는 큰 도움과 격려를 줄 것입니다.

벤자민 츄 박사

제 1 부

출 발!

예수님과 함께 가는 제자의 길

들어가는 말

> *제자의 도(道)는 예수 그리스도와 함께*
> *삶의 여행을 계속하는 과정이다.*

교회사에서 "제자의 도(discipleship)"라는 용어는 비교적 새로운 용어입니다. 2차 대전 이전에는 이 말이 거의 사용되지 않았습니다. 선교사들의 전기나 신학 서적들을 많이 읽어 봐도 이 용어가 잘 눈에 띄지 않습니다.

물론 그 개념은 이미 있었습니다. 특히 요한복음은 "참 내 제자"에 대해 언급합니다. "너희가 내 말에 거하면 참 내 제자가 되고"(요한복음 8:31). 제자는 예수님의 가르침을 따르는 사람이었습니다. 누가복음은 사도라고 불리었던 "열둘"과 예수님의 다른 제자들을 구분하고 있습니다.

그러므로 어느 세대이든 예수 그리스도의 가르침을 따르는 데 헌신되어 있는 사람은 제자라 불리어질 수 있습니다. 제자라는 용어는

예수님과 함께 가는 제자의 길

세상적으로 살아가는 명목상의 그리스도인들과는 달리 수준 높은 헌신과 순종을 나타내는 그리스도인들을 지칭합니다.

이전 세대의 영적 지도자들도 영적으로 보다 나은 삶을 살도록 그리스도인들에게 도전하기 위해 "제자의 도"와 유사한 용어들을 생각해 내어 사용했습니다. 어떤 이는 그것을 "변화된 삶"이라 하였고, 어떤 이는 "차원 높은 삶"이라고 불렀고, 어떤 이는 "승리하는 삶"이라 표현하였습니다.

여러 해 동안, 일본에 있는 선교사들은 "깊이 있는 삶"을 위해 매년 수양회를 개최하였습니다. 네비게이토 선교회의 창시자인 도슨 트로트맨은 "균형이 잘 잡힌, 그리스도 중심의, 성령 충만한 삶"을 살도록 수레바퀴 예화를 통해 이 개념을 설명했습니다.

예수 그리스도를 믿은 이후의 우리의 성장과 변화 과정을 신학 용어로는 "성화(聖化)"라고 하며, 이를 위한 수단을 "은혜의 방편"이라 부릅니다. 그러나 신학자에 따라 성화의 정확한 의미와 특히 어떻게 성화를 이루는지 그 방법에 대해서는 의견이 분분합니다. 평범한 그리스도인들에게 있어서, "성화"는 두렵기도 하고 한편으로는 그 의미를 완전히 파악하기가 쉽지 않은 것으로 보입니다. 성화에 대한 이런저런 신학적 지식을 아는 것도 성화의 삶을 사는 데 크게 도움이 되지는 않습니다.

우리가 어떻게 살아야 하는지에 대해 강단에서 들려주는 설교와 우리의 실생활 사이에는 왜 그러한 간격이 있습니까? 우리는 어떻게 성화의 삶을 살 수 있습니까? 아마도 이 새로운 용어 "제자의 도"가 그 해답일 것입니다.

지난 20여 년 동안 제자삼기 혹은 제자의 도에 대해 수많은 책들이 저술되었습니다. 제자라는 말은 요즘 기독교계에서 인기 있는 용어가

들어가는 말

되었습니다. 대부분의 책들이 제자들을 훈련하기 위해 예수님이나 바울이 사용했던 방법들을 탐구하고, 우리에게도 그렇게 하도록 권면하고 있습니다. 나도 그러한 책을 하나 썼는데 곧 디모데 원리라는 책입니다. 나머지 책들은 헌신에 관한 것으로서, 이 세대를 본받지 말고 그리스도를 따르도록 촉구하고 있습니다.

그중에 어떤 책들은, 우리가 구원을 위해 단순하게 믿는 것 외에 추가로 무슨 심오한 경험을 하면, 예를 들면 100% 그리스도의 주재권에 드려지기로 결단을 하거나, 특별한 성령 충만의 경험 혹은 성령의 은사가 나타나는 어떤 경험을 하면, 우리의 모든 문제들은 해결되고, 우리는 다른 그리스도인들이 경험하는 것과 같은 골칫거리나 갈등으로부터 자유로워지고 늘 행복하게 살게 될 것이라는 암시를 줍니다. 물론, 단정적으로 이야기하지는 않지만 은근히 그렇게 말하는 것입니다.

도슨 트로트맨은 대부분의 사람들이 이미 경험한 바를 잘 지적했습니다. 결단은 좋은 것입니다. 그러나 결단은 5%에 불과하고 그 후의 실천이 95%라고 했습니다.

그러면 제자의 도란 무엇입니까? 그 95%란 무엇입니까? 약 15년 전 나는 그리스도인의 삶에 대해 체계를 잡아 보려고 했습니다. 나는 역사와 신학적인 저술들을 광범위하게 공부했고, 그리하여 제자의 도에 대한 신학적인 토대를 마련했다고 생각했습니다. 그것을 책으로 만들고자 했더니, 출판 관계자들은 원고의 내용은 좋으나 너무 분량이 많다고 했습니다. 아마도 그들의 말이 옳을 것입니다. 그래서 예수님은 비유를 사용하여 가르치셨을 것입니다.

나는 내가 발견한 것들을 간단히 나타낼 수 있는 예화나 공식이 없을까 하고 많은 생각을 했습니다. 어떻게 하면 성경에서 그리스도인

예수님과 함께 가는 제자의 길

의 삶에 대해 가르치고 있는 방대한 내용들을 간단하고 논리적이고 일목요연하게 한 단계 한 단계 제시할 수 있을 것인가? 수세기 전, 존 번연은 **천로역정(天路歷程)**을 썼는데, 그것은 한 사람이 구원을 받고 천국을 향하여 순례의 길을 가는 성화의 과정을 잘 설명하고 있습니다. 구원받은 후의 그리스도인의 삶은 하나의 여행과도 같습니다. 수년 전 한 동역자가 "그리스도인의 삶은 버스를 타고 가는 것과 같습니다. 여러분은 노선의 종점까지 갈 수도 있고, 도중의 아무 정류장에서나 내릴 수도 있습니다"라고 하는 것을 들었습니다. 좋은 예화라고 생각되었습니다.

 따라서 나는 제자의 도를 예수 그리스도 안에서 삶의 여행을 계속하는 과정이라고 정의하겠습니다. 핵심 단어는 "계속하다"입니다. 결코 뒤돌아서지 말아야 합니다! 그것은 길고 험난한 오르막길입니다. 그 길을 따라가면서 다양한 테스트를 거치게 됩니다. 우리는 이 길을 주 예수 그리스도와 교제하면서 가야 합니다.

 그리스도인의 삶은, 따뜻한 햇살을 받으며 길가에 핀 데이지 꽃을 꺾으며 가는, 낭만이 가득하고 쉽고 평탄한 것만은 아닙니다. 거기엔 많은 시련들이 있습니다. 그 삶의 여정에는 배워야 할 기본적인 교훈들이 있습니다. 그리고 우리가 이겨 나가야 할 기본적인 일들이 있습니다.

 당신은 예수님과 함께 그 길의 종점까지 함께 여행할 수도 있고 도중에 하차할 수도 있습니다. 그리스도와 함께 여행하고자 한다면, 빛 가운데서 그분과 함께 계속 동행해야 합니다. 무슨 은밀한 우회로나 지름길은 없습니다. 당신 자신의 길을 찾느라 그 길에서 벗어나면 당신은 벗어난 그 지점으로 되돌아와야만 합니다. 그럼에도, 우리의 놀라운 주님과 함께 교제하면서 이 길을 여행한다면 그것은 아주 스릴

들어가는 말

넘치는 즐거운 여행이 될 것입니다.
　당신은 하나님의 자녀입니까? 그렇다면 제자의 도라는 여행을 함께 해봅시다.

예수님과 함께 가는 제자의 길

(제 1 장)

구원 : 새로운 삶의 시작

> *구원은 단번에 이루어지는 사건이요 무조건적이나,*
> *그리스도인의 삶은 일련의 과정이요 조건적이다.*

모든 여행에는 출발점이 있습니다.
제자의 도라는 여행의 출발점은 복음을 믿기로 분명한 결단을 하고 주 예수 그리스도를 개인의 구세주로 영접하는 것입니다. 그 시작은 성경 말씀을 믿는 것입니다. 이는 "믿음은 들음에서 나며, 들음은 그리스도의 말씀으로 말미암기" 때문입니다(로마서 10:17). 예수님께서 내 죄를 위해 십자가에서 죽으셨고, 또한 하나님께서 예수님을 죽은 자 가운데서 다시 살리셨다는 것을 믿음으로 말미암아, 나는 내 죄가 용서받았으며, 영생을 소유하고 있고, 하늘나라에서 예수님과 함께 영원히 거하게 될 것을 압니다.

나는 네 번에 걸쳐 빌리 그래함 팀의 일원으로 일한 적이 있습니다. 가장 최근의 경우는 1990년의 홍콩 전도대회 때에 상담과 양육 부서의 책임자로 일한 것입니다. 여러 교회들의 놀라운 협력이 있었습니다. (집계에 의하면 9,000명 이상이 상담반에 출석했고 3,000명 이상이 소그룹 양육반을 이끌 수 있는 인도자로 세워졌습니다.) 5일간의 집회 동안 23,810명이 예수님을 믿기로 결단했습니다. 그들 각 사람을 상담자들이 그 사람들의 언어로 일대일로 상담해 주었습니다.

하지만 양육은? 어떻게 각 사람이 충분한 양육을 받게 할 수 있습니까? 글쎄요. 우리는 각 사람을 개인적인 상담자와 지역 교회와 그리고 소그룹 성경 공부반에 연결시켜 주었을 뿐 아니라 양육을 위한 특별한 자료들도 주고 통신 교육도 받을 수 있게 했습니다. 그럼에도 어떤 이들은 여전히 낙오될 것입니다.

충분한 양육? 나는 여러 전도 집회에서, 미국 또는 아시아의 수많은 전도 집회에서 충분한 양육을 행하기 위해 노력해 왔습니다. 그리고 대중적인 전도 집회뿐 아니라 여러 기독교 단체에서 주도하는 일대일 개인 전도 프로그램들에도 참여해 왔습니다. 사실상, 나의 선교사 경력은 1949년 1월 31일 중국 상하이에서 양육 책임을 맡으면서 시작되었습니다. 그때 나는 중국의 전도자 협회와 YFC가 공동 주최한 연합 전도 집회에서 예수님을 믿기로 결심한 800명의 중국인들을 양육하는 책임을 맡았습니다.

27세밖에 되지 않았고 선교지에 도착한 지 일주일도 되지 않은 나, 더구나 중국어라고는 한 마디도 하지 못하는 내가 양육 전문가로 소개되었습니다. 지금 생각하면 좀 우습기까지 합니다. 하지만 다행스럽게도 나는 도슨 트로트맨으로부터 직접 양육 훈련을 받았고, 또한 8년 동안 미 해군에서 동료들을 양육하는 경험을 했던 터였습니다. 미 해군 병사들을 양육하는 데 도움이 되었던 것은 틀림없이 중국 사람이나 기타 다른 어느 나라 사람들에게도 도움이 될 것입니다. 도슨

구원 : 새로운 삶의 시작

은 중국어로 된 암송 및 양육 교재를 이미 선편으로 상하이로 부쳐 주었습니다.

그것은 과연 도움이 되었습니다! 우리는 새신자들을 여러 개의 소그룹으로 나누어 양육했습니다. 선교사들과 현지의 영적 지도자들이 양육 교재를 사용하여 가르쳤는데 그들은 열심히 배웠습니다. 대략 300명 가량이 성경 말씀을 암송하기 시작했습니다. 그럼에도 결신자들 가운데는 양육 그룹이나 지역 교회의 예배에는 참석하지 않는 사람들이 많이 있었습니다. 미국에서조차 마찬가지였습니다. 목사들은 이구동성으로, 전도를 통해 사람들을 교회로 인도하면 그 가운데 상당수가 앞문으로 들어왔다가 무슨 영문인지 뒷문으로 슬며시 빠져 나간다고 했습니다.

이를 통해 나는 두 가지 사실을 알게 되었습니다. 첫째, 성공적인 양육을 하려면 대상자가 믿음으로 주 예수 그리스도를 자신의 마음 속에 영접하는 진정한 결단을 해야 한다는 것입니다. 자라기 위해서는 그에게 영적인 생명이 있어야 합니다. 죽은 나무는 아무리 물을 주어도 자라지 않는 것과 같습니다.

둘째, 기꺼이 반응하려는 태도가 있어야 합니다. 영적으로 성장하려면 영적인 것들에 계속 기꺼이 반응하는 태도가 필요합니다.

그러므로 제자의 도라는 여행은 다음 두 가지가 관건입니다 :
(1) 올바른 출발점
(2) 기꺼이 계속하고자 하는 태도

올바른 출발점이란 진정으로 구원을 받는 것입니다. 새롭게 출생하는 이러한 경험은 단 한 번으로 족합니다. 우리의 구원을 위한 유일한 토대는 예수 그리스도이십니다.

한편, 이 영적 여행에서 이후의 진척은 영적인 것들에 대해 기꺼이 반응하고자 하는 태도에 달려 있습니다. 우리가 예수님을 친히 뵈올 때까지 일생 동안 그러한 태도가 필요합니다.

이제 이것을 요약해 보면 다음과 같습니다. 구원은 단번에 이루어지는 사건이요 무조건적이나, 그리스도인의 삶(제자의 도)은 일련의 과정이요 조건적이다.

구원은 단번에 얻습니다. 예수님을 믿음으로 말미암아 그 순간 우리는 흑암의 권세로부터 하나님의 사랑하는 아들의 나라로 옮기어집니다(골로새서 1:13).

한 사람이 주 예수 그리스도를 자신의 개인적인 구세주로 영접할 때 얼마나 놀라운 일이 일어나는지 모릅니다! 성경을 자세히 공부해 보면, 어떤 사람이 구원을 받을 때 수많은 놀라운 일이 그에게 일어나는 것을 알 수 있습니다. 예를 들면, 그는 영원한 생명을 얻으며, 죄 사함을 받게 되고, 하나님과 화목하게 되며, 그의 이름이 하늘에 기록되고, 하나님의 가족의 일원이 되며, 성령께서 그를 거듭나게 하시고, 인치시며, 내주하시고, 또한 그는 말할 수 없을 정도로 놀라운 유업을 상속받으며, 만인을 심판하시는 재판장이신 하나님으로부터 의롭다는 선고를 받습니다.

한 사람이 거듭날 때 이러한 일들이, 그리고 이보다 훨씬 더 많은 일들이 그에게 일어납니다(부록 I 참조).

육신적으로든 영적으로든 우리가 태어나면 그때는 갓난아기이며 그래서 마땅히 자라나야 합니다(베드로전서 2:2). 아기는 태어날 때 일생을 살아가는 데 필요한 모든 기관들을 가지고 있습니다. 그것들은 모두 그의 몸의 일부가 되어 들어 있는 것입니다. 오직 성장하는 것만 남아 있습니다.

마찬가지로 하나님께서는 모든 영적인 아기들에게 생명과 경건에 속한 모든 것을 주셨다고 사도 베드로는 선언했습니다(베드로후서 1:3). 구원을 받을 때 하나님께서는 그 사람이 성숙하고 경건한 사람으로 자라 가는 데 필요한 모든 자원들을 공급해 주셨습니다.

바울은 우리는 이미 그리스도 안에서 완전해졌다는 것을 강조하는 가운데, 자신의 부족함을 보충하기 위해 철학이나, 유전(遺傳)이나 세상의 학문이나 혹은 종교적인 무슨 규례를 의지하는 것의 위험성에 대해 경고했습니다(골로새서 2:8-23). 우리의 구원을 완성하기 위해 은혜로 말미암은 두 번째의 무슨 역사가 필요한 것도 아닙니다. 갈보리 십자가에서 예수님께서 완성하신 일은 공의에 대한 하나님의 요구를 완전히 충족시켰고, 온전하신 예수님께서 제물이 되어 흘리신 피는 우리의 과거와 현재와 미래의 모든 죄를 씻었습니다. 전능하시고 거룩하신 하나님께서는 우리 죄를 용서해 주셨을 뿐만 아니라, 우리를 의롭다고 선언하셨습니다. 우리는 그리스도 안에 있으며, 천국과 지옥과 이땅의 그 어떤 것도 우리를 하나님의 영원한 사랑으로부터 떼어놓지 못합니다(로마서 8:38-39). 우리가 받은 구원은 절대적이며, 무조건적이고, 완전합니다.

그러나 그리스도인의 삶은 상대적이고, 조건적이며, 불완전합니다. 한 사람을 그리스도께로 인도하는 데는 몇 분 정도밖에 걸리지 않을 때도 있으나, 그를 상당한 수준까지 성숙하게 하는 데는 몇 개월 내지 몇 년이 걸립니다. 새로운 그리스도인을 "양육"하는 데는 오랜 기간이 걸리며, 그것은 구원처럼 단번에 이루어지는 것이 아닙니다.

많은 그리스도인들이 "속성(速成) 성장"을 원합니다. 그들은 영적 성장에 지름길이 없다는 것을 알고는 실망합니다. 성장은 대가(代價)와 시간을 요구합니다.

그리스도인의 삶이란 조건적이어서, 하나님의 말씀을 통하여 역사하시는 성령의 음성에 어느 정도로 순종하는지에 달려 있습니다. 그리스도인은 누구나 온전한 순종은 자신의 노력이 따라야 하는 상대적인 것이라는 것을 알고 있습니다.

"만일 우리가 범죄하지 아니하였다 하면 하나님을 거짓말하는 자로 만드는 것이니 또한 그의 말씀이 우리 속에 있지 아니하니라"(요한일서 1:10). 예수님께서 고난당하시기 전 베드로는 예수님을 위해 자기 목숨을 버리겠다고 다른 제자들 앞에서 맹세하였지만, 불과 몇 시간 후 그 맹세를 저버렸습니다. 베드로처럼 사람들 앞에서 예수님께 대한 전적인 충성을 자신 있게 공언하였으면서도 부끄러운 실패를 맛볼 수도 있습니다. 우리는 맹세를 할 때 조심해야 합니다(전도서 5:4-5). 순종을 했는지의 여부는 우리의 말이 아니라 행동에 의해 판단됩니다(마태복음 21:29-31).

그러나, 우리가 의로운 삶을 살려는 노력을 포기하지 않도록 성경은 두 부류의 그리스도인이 있다는 것은 분명히 밝히고 있습니다. 육적인 그리스도인과 영적인 그리스도인이 있는 것입니다. 영적인 그리스도인은 하나님을 기쁘시게 합니다. 그는 열매를 맺으며 아버지를 영화롭게 합니다(요한복음 15:8,16). 그는 예수 그리스도로 말미암아 하나님과 친밀하고 사랑을 나누는 교제 가운데 살아갑니다(요한일서 1:7). 하나님께서는 모든 그리스도인들에게 그러한 축복된 삶을 위한 자원들을 공급해 주셨습니다. 또한 주님께서는 기쁨으로 주님을 따르는 모든 사람과 그러한 친밀한 교제를 가지십니다.

이러한 축복된 삶은 상대적이어서 우리가 성장해 감에 따라 점점 더 경험할 수 있는 것이지, 결단을 함으로 순간적으로 얻어지는 그런 것이 아닙니다. 그러나 결단은 출발점으로서 중요합니다. 성경은 어떤 사람이 영적인지는 하나님의 말씀을 실제 삶에서 얼마나 실행하는지에 의해 평가합니다. 하나님의 말씀을 듣기만 하는 사람이 아니라, 듣고 그것을 행하는 사람이 하나님의 축복을 받습니다(누가복음 11:28, 히브리서 4:2, 야고보서 1:22, 마태복음 7:24).

예를 들면, 구원받지 못한 사람 곧 자연 상태의 인간은 성령을 통한 가르침을 이해하지 못합니다(고린도전서 2:14). 그의 눈은 사탄으로 말미암아 멀어 있습니다(고린도후서 4:4). 그래서 그는 복음의 빛을 깨닫지 못합니다. 그는 그것을 듣기는 할지언정 순종하지도 이해하지도 믿지도 않습니다. 그가 순종하고 믿는다면, 이해는 자연히 따라올 것입니다. 세상에서는 "보는 것이 믿는 것이다"라고 주장합니다. 그러나 예수님께서는 "믿는 것이 보는 것이다"라고 가르치십니다(요한복음 4:48-51, 요한복음 20:29,31).

비록 그리스도인일지라도 육적인 사람은 하나님의 말씀에 대해 어린아이와 같은 초보적인 이해밖에 못합니다. 육적인 사람은 그리스도인들 사이에 있을 때 이기적이고 분쟁을 일으키는 것을 보면 압니다(고린도전서 3:1-3). 육적인 사람은 부도덕과 교만에 빠지는데, 고린도 교회의 다른 여러 가지 문제들을 보면 그들이 육적이라는 것이 분명했습니다. 그리고 바울은 방언과 같이 당시에 자주 입에 오르내리고 인기가 있었던 은사들을 드러내는 것을 영적인 사람인 증거로 여기지 않았으며, 도리어 하나님의 은사들을 잘못 사용하는 것으로 여겼습니다. 그래서 이로 인한 혼란과 무질서를 바로잡기 위해 규칙을 만들어야 할 정도였습니다.

심지어 주님의 만찬까지도 잘못 행해지고 있었습니다. 신자들은 이를 통해 "못 가진" 사람들에게 자신들의 부(富)를 자랑했습니다. 바울은 영성(靈性)이란 어떤 사람의 은사, 재산, 능력, 지능, 심지어 희생적 행동에 의해서도 평가되는 것이 아니라는 것을 보여 주었습니다.

그 대신, 어떤 사람이 얼마나 영적인지는 믿음과 소망과 사랑의 깊이에 의해 평가되었습니다. 이러한 것들은 그리스도와 그분의 말씀에 깊이 뿌리박고 있을 때라야 자라나기 때문입니다(고린도전서 13장, 골로새서 2장, 에베소서 3장).

영적인 사람은 올바른 판단력과 분별력을 가지고 있습니다. 그는 하나님의 말씀을 이해할 뿐 아니라 자신의 삶을 하나님의 말씀에 일치시키고 있기 때문입니다(고린도전서 2:15-16, 야고보서 1:22). 그는 하나님의 말씀이라는 영적 양식 가운데 고기라고 볼 수 있는 단단한 가르침들도 잘 소화하기 때문에 성숙한 그리스도인으로 불립니다. 이러한 깊은 진리들을 자신의 삶에 잘 적용해 왔기 때문에 그는 다른 사람들에게 그들의 이기적인 욕망과 하나님의 보다 심오한 목적 사이의 차이를 설명해 줄 수 있습니다(히브리서 5:12-14).

예수님께서는 마음속에 뿌려진 하나님의 말씀에 관한 비유를 하나 가르쳐 주셨습니다(마가복음 4:1-20). 좋은 땅에 뿌려진 씨앗처럼, 하나님의 말씀을 잘 받아들이는 착하고 좋은 마음에 뿌려진 씨앗은 풍성한 열매를 맺습니다. 그러나 좋은 땅이라는 것도 상대적인 것입니다. 어떤 사람은 30배, 어떤 사람은 60배, 어떤 사람은 100배의 결실을 맺는 것을 보면 알 수 있습니다(마가복음 4:20). 예수님께서는 들은바 하나님의 말씀에 순종하여 삶에 적용하는 것이 아주 긴요하다는 것을 강조하시기 위해 이 비유를 드셨습니다. 자기가 들은 말씀을 실천하는 사람은 더 많은 복을 받을 수 있게 되나, 자신이 알고 있는 바를 따라 행하기를 게을리 하는 사람은 지금 가지고 있는 것마저 빼앗기게 될 것입니다(마가복음 4:24-25).

이 구절들과 기타 많은 성경 말씀들을 통해 보건대 우리는 그리스도인의 삶이란 정적(靜的)인 것이 아니라고 말할 수 있을 것입니다.

구원:새로운 삶의 시작

만약 당신이 깨닫고 있는 바를 따라 산다면, 하나님께서는 더 많은 것을 깨닫게 해주실 것입니다. 만약 하나님의 말씀에 불순종한다면, 당신의 삶은 내리막길을 걷게 될 것입니다. 더 많이 순종할수록 더 많이 이해합니다. 바꾸어 말하면, 의도적으로 하나님의 말씀에 불순종하면 우리의 영적인 이해력이 떨어지게 된다는 말입니다. 그래서 "공부가 아니라 순종이 더 많은 깨달음을 위한 주된 조건이다"라고 말한 사람도 있습니다.

개인적으로, 비록 아시아에서 40년이 넘게 선교사로 일해 왔지만, 여전히 나는 만족스럽지 못합니다. 나는 여전히 영적으로 성장해 갈 필요가 있습니다. 하나님께서는 마가복음 4:24 말씀을 통해 계속 내게 도전을 주셨습니다. "너희가 무엇을 듣는가 스스로 삼가라. 너희의 헤아리는 그 헤아림으로 너희가 헤아림을 받을 것이요, 또 더 받으리니." 내가 몸담고 있는 사역은 중요한 국면에 처해 있습니다. 사람들과 이슈들과 관련된 많은 문제들이 있습니다. 그럼에도 이 사역에서의 가장 큰 필요는 내가 영적으로 계속 성장해 가는 것입니다. 그리스도인의 삶은 상대적입니다. 다른 사람들을 더 잘 이끌기 위해서는 나 자신이 영적인 삶에서 발전해야 합니다.

"그리스도 안에서 계속 성장하라." 이것이 모든 그리스도인들의 표어가 되어야 합니다.

예수님과 함께 가는 제자의 길

제 2 장

그리스도의 주재권을 인정함

> *구원은 단순한 믿음을 통해 얻지만,*
> *진정한 제자의 삶을 살기 위해서는 기꺼이 삶의*
> *모든 영역에서 그리스도의 주재권을 인정해야 한다.*

구원을 받고 그리스도 안에서의 성숙이라는 목적지를 향한 여행을 시작했다면, 우리는 이내 어떤 근본적인 요구 사항들을 충족시켜야 한다는 것을 깨닫게 됩니다. "두 사람이 의합(意合)지 못하고야 어찌 동행하겠으며"(아모스 3:3). 우리가 예수님과 함께 여행하고자 한다면, 마땅히 주님과 뜻이 같아야 하며, 우리의 계획이 아니라 주님의 계획에 따라 함께 걸어가야 합니다. 이것은 아주 근본적인 것이어서, 누가 인도자가 될 것인지에 대해 합의가 이루어지지 않는 한 거의 한 걸음도 나아가지 못하게 됩니다. 우리는 기꺼이 주님과 함께 걸어야 하며 주님께서 어디로 인도하시든 따라가야 합니다.

그리스도인의 삶을 시작하자마자 주님의 뜻과 나의 뜻 사이의 갈등이 시작될 것입니다. 심지어 갓 구원을 받고 그 즐거움을 누리고 있을 때라도 우리 자신의 뜻과 육신의 욕망들이 우리를 주관하려고 애를 쓸 것입니다. 지금부터 나의 삶을 누가 주관할 것인가? 나 자신이 주관할 것인가, 아니면 그리스도께서?

누가 우리를 다스리는 왕이 될 것인가? 이것은 성경 전체의 주된 주제입니다. 이스라엘 백성들은 수시로 모세를 거부했으며, 다윗도 거부했었습니다. 그리고 마침내는 예수님도 거부했습니다.

신약성경의 첫 부분에서 우리는 역사상 유일하게 왕으로 태어나신 분을 알게 됩니다(마태복음 2:2). 왕자나 왕위 계승자로 태어난 사람은 많지만 왕으로 태어난 분은 오직 한 분뿐입니다. 그분은 곧 예수 그리스도, 유대인의 왕이십니다. 예수 그리스도께서는 만왕의 왕이시요 만주의 주(主)이십니다.

마태복음은 이어서 헤롯 왕이 예수님 탄생의 소식을 듣고 소동(騷動)했다고 기록하고 있습니다. 그가 소동하는 것은 당연합니다. 왕은 하나입니다. 두 사람의 왕이 있을 수는 없습니다.

우리는 누구나 왕이 되고 싶어합니다. 어린 시절, 우리는 왕이 되는 게임을 즐겼습니다. 누군가가 왕이 되면 나머지는 그 왕의 자리를 빼앗기 위해 애를 씁니다. 우리 그리스도인들이 하나님과 그러한 게임을 벌이고 있지 않습니까? 우리는 그분을 왕으로 부르지만, 그럼에도 그분께 순종하기보다는 자신의 욕망을 채우기 위해 은밀한 계략을 꾸밉니다.

선교사가 되기 전에 나는 미국 텍사스 주에서 선교 사역을 했는데, 초창기에 나는 대학생들 가운데 그리스도의 제자들을 불러일으키기 위해 노력하고 있었습니다. 그때 나의 동역자 가운데 하나가 "난 대단한 디모데를 얻었네. 그는 100% 그리스도께 굴복했다네!"라고 자랑했습니다.

그리스도의 주재권을 인정함

"100% 굴복"에 대해 생각해 보았습니다. 나는 100% 주님께 굴복한 사람을 만난 적이 없습니다. 그 가운데는 나 자신도 포함됩니다. 그러나 나는 "난 그렇게 되고 싶어. 난 기꺼이 그렇게 할거야"라고 생각했습니다.

그 열쇠는 자원함입니다. 자신이 달려갈 목표를 강요에 의해서가 아니라 자기 스스로 선택하는 것을 말합니다. 나는 어떤 사고 방식으로 삶을 영위할 것인가? 나는 기본적으로 어떤 삶의 방식을 따를 것인가? 완벽하지는 않겠지만, 당신 스스로 선택하여야 합니다. 당신은 반석 위에 집을 짓겠습니까, 아니면 모래 위에 짓겠습니까?

이것은 제자도의 여행에서 다음 단계로 나아가게 합니다. 구원은 단순한 믿음을 통해 얻지만, 진정한 제자의 삶을 살기 위해서는 기꺼이 삶의 모든 영역에서 그리스도의 주재권을 인정해야 한다.

바울은 기독교 신앙의 실제적인 면을 다루기 시작하면서 로마서 12:1에서, "그러므로 형제들아, 내가 하나님의 모든 자비하심으로 너희를 권하노니, 너희 몸을 하나님이 기뻐하시는 거룩한 산 제사로 드리라. 이는 너희의 드릴 영적 예배니라"라고 했습니다.

우리 몸을 주님께 드려야 합니다. 우리 삶을 주님의 뜻에 굴복시켜야 합니다. 그때 비로소 당신은 "하나님의 선하시고 기뻐하시고 온전하신 뜻"이 무엇인지 알게 될 것입니다(로마서 12:2). 이것은 구원을 받기 위하여 필요한 것이 아닙니다. 이것은 우리를 이미 구원하여 주신 주님께 대한 자발적인 순종과 사랑의 행위입니다. 바울은 "형제들"에게 권면하고 있습니다. 이미 구원받은 사람들에게 권면하고 있는 것입니다.

구원을 얻기 위해 강박 관념을 가지고 그렇게 해야 하는 것이 아닙니다. 이 사실로 인해 하나님께 감사하십시오! 만약에 구원이라는 것이 온전히 순종을 하거나 삶의 모든 영역을 완전하게 하나님께 굴복시켜야만 얻을 수 있다면, 사실 구원을 얻을 사람은 없을 것입니다. 그런데도 아시아에서 전도대회를 위한 상담자들을 훈련시키는 가운데, 나는 구원을 받기 위해서는 "당신은 모든 것을 하나님께 굴복시켜야 합니다" 혹은 "당신은 예수님을 당신의 모든 삶에서 주님으로 삼아야 합니다"라고 주장하는 사람들을 더러 만났습니다. 그것은 은혜의 복음이 아닙니다!

먼저 알아야 할 것은, 우리가 예수님을 주님이 되시게 하는 것이 아닙니다. 예수님은 원래부터 주님이십니다! 그는 "만주의 주요, 만왕의 왕"이십니다. 이 사실에 대해 우리가 어떻게 느끼는가 하는 것과는 무관합니다. 골로새서 1:15-19에서 우리는 하나님께서 그의 아들을 하늘과 땅의 모든 것들 위에 얼마나 뛰어나게 하셨는지를 알 수 있습니다. "…혹은 보좌들이나 주관들이나 정사들이나 권세들이나, 만물이 다 그로 말미암고, 그를 위하여 창조되었고, 또한 그가 만물보다 먼저 계시고, 만물이 그 안에 함께 섰느니라"(골로새서 1:16-17). 예수님은 모든 것 위에 계십니다. 사람들은 이 사실을 믿을 수도 있고 믿지 않을 수도 있지만, 그 사실 자체를 변화시킬 수는 없습니다.

또한 우리가 온갖 세상적인 일에서 떠나고 육신적인 욕망들을 물리친다고 해서 은혜받기에 합당한 존재가 되는 것은 아닙니다. 이것은 초창기의 로마 카톨릭의 관점을 물려받는 것입니다. 이러한 개념으로부터 수도원의 금욕적인 삶이 나왔습니다. 대부분의 동양 종교들도 어떤 식으로든 노력을 통해 신(神)에게 용납될 만한 존재가 될 수 있다는 헛된 소망에 토대를 두고 있습니다.

구원은 믿음에다가 하나님께 모든 것을 내드리는 것이 첨가되어야 얻는 것이 아닙니다. 내드리는 것은 고상한 것이기는 하지만 그것은

그리스도의 주재권을 인정함

행위입니다. 자신의 죄된 습관을 변화시키는 것 또한 좋은 것이나 그것도 행위입니다. 구원을 얻기 위해서는 믿음 외에는 아무것도 필요 없습니다. 회심의 순간 나는 자신을 변화시킬 수 있는 능력이 전혀 없는 죄인으로 하나님의 존전에 섭니다. 또한 나는 만약 나를 구원해 주신다면 어떤 것을 하겠다고 하나님과 흥정을 하지도 못합니다. 나는 도무지 흥정을 할 자격조차 없습니다. 나는 잃어버린 바 되었으며, 영적 소경이며, 파선했으며, 물에 빠져 허우적대고 있으며, 아무 소망이 없는 존재로서 구세주를 향해 손을 내밀고 있습니다. 그래서 "빈손 들고 앞에 가 십자가를 붙드네"라고 한 찬송가에서 노래하고 있는 것입니다.

우리는 예수님을 영접할 때 우리의 구주와 주님으로 영접합니다. 그런데 이에 대해 잘못 이해하는 그리스도인들이 많습니다. 어떤 전도자들은 많은 사람들이 결신(決信)을 해놓고는 흐지부지되고 마는 것을 보고, 전도할 때 상대방이 보다 진지한 결신을 하도록 하기 위해, 결신을 좀더 어렵게 만들기도 합니다. 예수님을 주님으로 인정하는 삶을 살아야 한다고 가르치는 것입니다. 그러나 만약 예수님을 삶에서 주님으로 인정하는 삶, 즉 범사에 주님의 뜻에 순종하는 삶이 구원의 조건이 되면 이 또한 잘못입니다. 우리는 감히 은혜의 복음을 우리 자신의 생각에 맞추려고 해서는 안 됩니다.

"구주이신 예수님"과 "주님이신 예수님"은 두 분이 아닙니다. 그는 한 분 "우리 주 예수 그리스도"이십니다. 예수님은 우리의 주님이시며 우리의 그리스도 즉 구주가 되시는 것입니다. 예수님께서 하나님의 아들이 아니시라면, 그분은 구세주가 되실 수 없습니다. 그러므로 우리는 개인적인 구세주가 되시며 그분의 피로 우리의 모든 죄를 씻기신 주 예수 그리스도를 믿습니다. 구원에 이르는 다른 길은 결코 없습니다.

 내 생각에는, 개인 전도에서든 전도 집회에서든, "분명치 않은 결신"은 대개 십자가의 의미와 중요성에 대한 이해가 부족했기 때문인 것 같습니다. 어떤 전도자들은 인간의 죄를 설명하는 로마서 3:23을 언급한 뒤 갑자기 건너뛰어 곧바로 요한복음 1:12을 보여 주면서 예수 그리스도를 구주로 영접하도록 요구합니다. 이런 식으로 복음을 전하면 복음의 핵심을 거의 완전히 놓치게 됩니다. 복음의 핵심은 인간이 죄인이라는 것이 아닙니다. 만일 인간이 죄인이라는 것이 복음의 핵심이라면 그것은 기쁜 소식이 아니라 나쁜 소식입니다!

 복음의 핵심은 하나님의 아들 예수 그리스도이십니다. 그분은 우리 죄를 위해 십자가에서 죽으시고 장사지낸 바 되었다가 삼 일 만에 살아나신 분입니다. 이것이 전도를 할 때 명확히 해야 할 부분입니다. 곁길로 빠져들어 여러 교파들의 상대적인 장점들이나, 혹은 우리 사회의 죄악들에 대해 토론하는 일이 없도록 하십시오. 예수 그리스도께 초점을 맞추도록 하십시오. 예수님이 누구시며, 십자가에서 죽으실 때 무엇을 성취하셨는지를 나누도록 하십시오. 한 죄인이 십자가의 의미를 파악하고 진심으로 예수 그리스도를 영접하기 위해 믿음으로 손을 내밀면, 그는 진정으로 구원받습니다.

 예수님께서 우리의 구세주가 되시기 위해서는 죄 없는 하나님의 아들이 되셔야 합니다. 그러므로 우리는 구원을 받을 때 예수 그리스도를 우리의 구세주로 영접하고 그리고 또 다른 의미로 우리의 주님으로 영접하는 것이 아닙니다. 그래서 성경에서 예수님을 하나님이자 사람으로 나타내고 있다는 것을 주목하는 것이 중요합니다. 부분적으로는 하나님이고 부분적으로는 사람인 것이 아닙니다. 100% 하나님이고 100% 사람입니다. 예수님이 사람이 아니시면 우리를 대신할 수가 없습니다. 그분이 하나님이 아니시면 우리를 구원하실 수가 없습니다. 다시 한번 강조하고 싶습니다. 우리는 주님이신 예수 그리스도를 우리의 구세주로 영접합니다.

또한 우리의 회심 시에 두 가지의 결단이 수반되는 것도 아닙니다. 우리의 죄로부터 구원해 주시도록 먼저 주 예수 그리스도를 믿고, 이와 함께 그분의 명령들에 순종하기로, 혹은 교회에 잘 출석하기로, 혹은 모든 죄를 멀리하기로, 혹은 우리의 삶의 방식을 변화시키기로 약속해야 하는 것이 아닙니다. 갖가지 선행들이 있고 고상한 일들도 많이 있지만, 이러한 것들은 구원을 위한 조건이 아닙니다. 우리는 이러한 문제들을 다루었습니다. 이제 우리는 바울처럼 구원은 믿음으로 말미암아 은혜로 얻는 것이지 무슨 선행에 의해 얻는 것이 아니라고 결론을 내립시다.

그러나 구원을 받고 나면 우리는 선행을 하도록 권면받습니다. 오직 믿음으로만 구원을 받는다는 것을 강조하는 구절들 뒤에는 흔히 그리스도인들에게 선행을 힘쓰도록 강하게 촉구하는 구절들이 나옵니다. 예를 들면, 많은 사람들이 알고 있는 에베소서 2:8-9은 구원은 우리의 행위의 결과로 얻는 것이 아니라 하나님의 은혜의 선물로 받는 것이라는 것을 강조합니다. 그리고 나서 그 다음 구절인 에베소서 2:10은 하나님께서 선행을 행하도록 우리를 지으셨다는 점을 상기시킵니다.

마찬가지로, 디도서 3:5은 우리가 의로운 행위로 구원받는 것이 아니라고 말하고 있으나, 3:8에서는 하나님과 사람 앞에서 선한 일에 조심하라고 권면하고 있습니다. "믿음만이 구원하나, 구원하는 믿음은 그 자체로만 존재하지는 않는다"라는 말이 있습니다.

그러나, 모든 선행은 마음에서 우러나와야 합니다. 바울은 로마서의 마지막 부분으로 들어가면서, 로마서 12장에서 그리스도인의 삶을 위한 올바른 동기라는 문제를 다루었습니다.

로마서 12:1은 이미 구원받은 형제들에게, 그들의 몸을 하나님께 산 제사로 드리도록 촉구합니다. 그리스도인인 우리의 영혼은 구원받았으며, 우리의 운명은 안전합니다. 그러나 우리는 의지를 사용하는 선택의 자유를 지니고 있습니다.

하나님께서는 우리가 마지못해서가 아니라 자발적인 행위로서 그분을 섬기고, 그분께 순종하며, 그분을 사랑하기로 선택하기를 원하십니다. 하나님께서는 세계와 그 안에 있는 모든 것들을 창조하셨습니다. 그러나 하나님의 형상을 따라 지음받았고 그리스도의 십자가로 말미암아 죄의 지배로부터 해방된 존재로서 우리는 여전히 선택의 자유를 가지고 있습니다.

자유란 두려운 책임이기도 합니다. 우리는 선택에 의해, 하나님께 순종할 수도 있고 하나님께 불순종할 수도 있습니다. 하나님께서는 온 우주를 다스리시나, 우리 자신의 몸을 우리의 의지에 의해 다스릴 수 있는 권한을 어느 정도 허락해 주셨습니다. 어떤 의미에서, 우리의 몸은 온 세상에서 우리가 소유하고 있는 유일한 것이며, 하나님께서는 그 소유권을 되돌려 달라고 요구하십니다. 하나님께서는 당신을 위한 그분의 계획대로 당신의 삶을 다스리시기 위해 당신의 허락을 원하시는 것입니다.

사실상, 바울은 다음과 같이 말하고 있습니다. "그리스도인들이여, 나는 여러분이 몸을 주님께 드리도록 간청합니다. 주님께서 여러분의 목적, 생각, 그리고 행동을 다스리시게 하십시오." 이 결단의 핵심은 당신의 의지입니다. 당신은 비록 하나님의 자녀일지라도 계속 이기적이고 육신적인 삶을 살 수 있습니다. 혹은 당신은 자신의 삶의 통제권을 주님께 내드리기로 결정할 수도 있습니다.

네비게이토 선교회의 창시자인 도슨 트로트맨은 이것을 "주재권" 결단이라고 불렀습니다. 트로트맨은 당시에 미 해근 병사들을 대상으로 사역을 했는데, 그래서 그는 그리스도인의 삶을 바다에서 항해하는 배와 비교했습니다. 예수 그리스도는 이 배의 선장이 되어야 합니다. 물론, 선원들에게 선장은 완전한 권위를 지닙니다. 하나님의 말씀은 나침반입니다. 그리하여, 이 비유를 확장하여, 하나님의 규칙을 따라 인생이라는 바다를 "항해하는" 사람들을 "항해자(Navigators)"라고 불렀습니다. 여기에서 네비게이토라는 이름이 나왔습니다.

아마도 회심 전에 영적인 영역에서 배경이 있었던 사람들 가운데는 예수님을 영접할 때 모종의 "주재권" 결단을 하는 사람도 있을 것입니다. 그러나 대부분의 사람들은 그리스도 안에서 자라 가기 시작하면서 비로소 새로운 삶이 내포하는 여러 가지 것들과 요구하는 바들을 깨달아 가기 시작합니다. 바로 그때 그들은 선택들에 직면합니다. 그들은 자신의 생각과 행동에는 여전히 죄가 있으며, 예수 그리스도를 진정으로 따르는 자 곧 제자가 되는 것은 어려운 일이라는 것을 깨닫기 시작합니다.

구원은 값없이 받는 것이지만, 제자의 삶은 대가를 치러야 합니다(마가복음 8:35 그리고 누가복음 9:23). 그때 갈등이 뒤따릅니다. 하나님의 말씀에 순종하기 위해 몸으로 치러야 할 어떤 대가라도 기꺼이 치르기 원합니까? 육신의 연약함으로 말미암아, 제자의 삶에서 진보를 보이기 위해서는 의지에 의한 헌신이 필요합니다. "천리 길도 한 걸음부터"라는 속담이 있습니다. 영적 성숙과 열매 맺는 삶에 이르는 길의 출발점은 헌신입니다.

로마서의 앞부분에서 바울은 죄와 실패에 직면하는 그리스도인들에게 그들의 지체들을 주님께 드리도록 권면합니다(로마서 6:12-13). 그는 그리스도인들에게 이 기본적인 단계를 밟도록 촉구합니다. 선행에 대한 다른 가르침들이 나중에 나오기는 하지만, 몸을 주님께 드리는 이것이 먼저 있어야 합니다.

로마서 12:1에서는 우리 몸을 "산 제사"로 드리라고 합니다. 바울은 구약의 제사를 염두에 두고 있으며, 그러한 제사들은 그리스도의 십자가에서 완전하게 이루어진 것의 모형들입니다. 제물을 불살라 드리는 번제(燔祭)라는 제사가 있었는데, 그것은 자원하여 드리는 제사 즉 자원제(自願祭)였습니다. "온전한 번제"라고도 하는 이 번제는 하나님께 향기로운 제사였으며, 모든 제사 중에서 가장 먼저 언급됩니다. 예수님께서는 자신의 모든 것을 자발적으로 드리셨습니다(요한복음 10:18). 주님은 자신을 비우셨습니다(빌립보서 2:7). 이것이 바울이 로마서 12:1에서 이 근본적인 교훈을 할 때 마음에 두고 있었던 장면임에 틀림없습니다. 예수님께서 우리의 구원을 이루시기 위해 자기의 몸을 드리셨듯이, 우리는 감사하는 가운데 우리의 몸을 성령의 지배를 받도록 드려야 합니다. 삶에서 주님의 뜻에 굴복해야 합니다. 구원을 받기 위해 강제적으로 그렇게 해야 하는 것이 아니라, 구원받은 자로서 감사와 사랑으로 말미암아 그렇게 해야 합니다. 이것이 제자의 도와 영적 성장의 토대입니다.

선택은 우리에게 달려 있습니다. 우리는 주님의 말씀에 굴복할 수도 있고, 주님의 뜻을 거부할 수도 있습니다. 비록 우리가 하나님의 자녀들일지라도, 많은 이들이 이러한 제사를 드리지 않고 있습니다. 그 결과, 연약하고, 육적이고, 좌절감을 맛본 그리스도인들이 교회의 좌석들을 가득 채우고 있습니다. 간신히 구원은 받았으나, 그들은 하나님의 말씀의 명확한 명령들에 순종하는 삶을 살지 않고 있습니다.

그리스도의 주재권을 인정함

  사도 바울이 로마의 그리스도인들에게 권면하듯 성령께서는 오늘날의 그리스도인들에게 말씀하고 계십니다. "하나님께서 너희의 삶을 다스리게 하라. 너희 몸을 하나님께 산 제사로 드려라."

예수님과 함께 가는 제자의 길

제 3 장

죄로부터의 승리

> *예수님을 믿음으로 죄의 형벌로부터 자유케 된 우리는
> 또한 예수님을 의지할 때
> 날마다 죄로부터 승리하는 삶을 살 수 있다.*

제자의 도라는 여행을 시작한 후 우리의 첫 번째 목표는 예수님께서 삶의 모든 영역에서 주님이 되시도록 결단하는 것이었습니다. 우리는 비록 완벽하게는 아닐지라도 진심으로 우리 몸을 산 제물로 하나님께 드렸습니다. 그것은 하나님께 대한 감사와 사랑에서 나온 것이었습니다. 그리고 예수님과 함께 새로운 ∝행을 시작했습니다. 주 예수 그리스도를 믿을 때, 주님은 죄의 형벌로부터 우리를 자유롭게 해주셨습니다. 우리는 사망과 지옥의 형벌로부터 구원받았습니다. 깨끗케 함과 죄 사함과 기쁨을 누리게 되었습니다. 얼마나 감사한지 모릅니다.

그러나 우리는 여전히 죄를 지으며 또한 죄의 유혹을 받는다는 것을 금방 깨닫습니다. 그렇습니다. 우리는 죄의 형벌로부터는 자유롭

게 되었습니다. 그러나 우리는 더 나아갈 필요가 있습니다. 우리는 매일의 삶에서 죄의 권세로부터 자유로워지기를 갈망합니다.

예수님께서는 "너희가…진리를 알지니, 진리가 너희를 자유케 하리라"(요한복음 8:31-32)라고 약속하셨습니다. 이것은 이땅에서의 우리의 여행을 위한 주님의 약속입니다. 그리고 우리는 이러한 자유를 얻을 수 있습니다. 그러나 그것이 쉬운 일은 아닙니다. 어떤 그리스도인들은 결코 그러한 자유를 맛보지 못합니다. 이 약속을 주장하기 위해서는 밟아야 할 또 다른 단계가 있기 때문입니다.

주위를 돌아보면 그리스도인이라고 하면서도 패배하는 삶을 살고 있는 경우가 많습니다. 그들 가운데는 공공연히 죄를 지으며 사는 사람도 있습니다. 겉으로는 당당하게 보이나, 실제로는 부끄럽고 비참한 삶을 살고 있는 사람도 있습니다. 어떤 사람들은 자신들의 은밀한 죄들을 감추기 위해 애를 쓰지만, 결국은 드러나고 맙니다. 많은 그리스도인들이 뻔한 죄들은 피하려고 노력하지만, 물질을 추구하며 이 세상 것들을 추구하느라 정신이 없습니다. 얼마 있지 않아 그들은 이러한 세상적인 것들이 자신들을 얽어매고 있으며, 자유를 주기보다는 속박하는 것임을 알게 됩니다.

우리는, 선을 행하기 원하나 악을 행하는 경향이 있다는 로마서 7장의 바울의 고백에 동의할 것입니다. 너무나 빈번하게 나는 미워하고 싫어하는 것들을 내 자신이 행하고 있는 것을 깨닫곤 합니다. 선한 것을 행하려고 의도했지만 금방 실패를 맛본 경우가 한두 번이 아닙니다. 그래서 나는 결심하는 것을 그만둔 적도 있습니다. 결심대로 살 수가 없었기 때문입니다. 내 마음속에서 평화가 사라집니다. 하나님께서는 자녀들이 이러한 삶을 살도록 하셨습니까?

대부분의 그리스도인은 이생에서 승리를 경험하는 것을 불가능하다고 결론을 내릴 것입니다. 육신은 너무나 강한데, 그는 너무나 연약합니다. 이에 대해서 그가 할 수 있는 것은 그리 많지 않습니다. 사실, 그는 이러한 삶이 하나님께서 그에게 의도하신 삶임에 틀림이 없다고 생각합니다!

이 세상의 철학은 이러한 죄의식을 거부하라고 부추깁니다. 세상은 우리가 이러한 죄의식을 느끼는 것은 우리의 선생님들이나 부모님의 가르침 때문이라며, 우리 자신이 아니라 그분들을 탓하라고 합니다. 세상은 또한 죄를 다른 사람에게 전가시키라고 촉구합니다. 그러나 그 방식은 적어도 그리스도인들에게는 효과가 없습니다. 스스로가 잘 알고 있습니다.

우리는 인류의 조상인 아담과 하와에게 책임을 돌릴 수도 있습니다. 로마서 5:12에 보면, 그들의 죄로 말미암아 모든 사람이 죄를 범하였고, 사망이 모든 사람에게 이르렀다고 되어 있지 않습니까?

또한 우리는 우리를 이렇게 만드신 하나님께 책임을 돌릴 수도 있습니다. 하나님께서 우리를 자유 의지를 가진 존재로 만들어 놓고서 우리가 범죄하였다고 우리를 벌하시는 것은 공정하지 않다고 결론을 내립니다! 그러나 사람이 누릴 수 있는 자유는 하나님의 뜻하신 범위 안에서의 자유입니다. 따라서 그 자유의 본질은 하나님의 명령과 그 말씀에 전적으로 순종하는 것입니다. 사람이 그 본질을 떠나서 자유하려고 할 때 그것은 자유가 아니고 죄가 되고 맙니다.

그러면 우리는 어떻게 하면 죄로부터 승리하는 거룩한 삶을 살 수 있습니까? 로마서 13:14을 살펴봅시다. "오직 주 예수 그리스도로 옷 입고, 정욕을 위하여 육신의 일을 도모하지 말라." 이 구절은 로마서의 거의 끝 부분에 나오며, 문맥상 구원을 얻는 수단에 대해 말하고 있는 것이 아니라, 이미 구원받은 사람들에게 거룩한 삶을 살도록 권

예수님과 함께 가는 제자의 길

면하고 있는 것입니다. 그리스도께서 내 안에 살아 계실 때 그러한 거룩한 삶을 살 수 있습니다. 그리스도께서 우리 안에 사신다는 것은 놀라운 일이나, 이러한 일은 그리스도의 십자가를 우리의 구원을 위한 토대로 인정할 때만 일어납니다. 오늘날 십자가의 의미를 잘 모르는 사람들이 너무도 많습니다.

필리핀에서 선교사로 일할 때의 일입니다. 이 나라는 아시아 유일의 기독교 국가라는 점을 자랑스럽게 여깁니다. 성탄절 무렵에는 한 달 내내 야간 행렬이 거리를 가득 채웁니다. 남녀노소를 불문하고 모든 사람들이 촛불을 들고, 흰 가운을 입고, 신나게 노래를 부르며 거리를 따라 퍼레이드를 벌입니다. 성모 마리아와 아기 예수의 모형들은 그 행렬을 더욱 돋보이게 합니다. 때때로 배우들이 그 모형들을 대신하기도 합니다. 주요한 성당에서는 공들여 만든 구유를 반짝이는 불빛 아래 전시하며 오르간으로 음악을 크게 연주합니다. 젊은이들은 이 집 저 집 다니며 크리스마스 캐럴을 이웃에게 들려주는데, 크리스마스 이브 때만이 아니라 12월의 아무 날 밤에나 그렇게 합니다. 필리핀 사람들에게 있어서 크리스마스는 대부분의 서구 국가에서보다 훨씬 더 종교적이고 덜 상업적입니다.

크리스마스의 흥겨운 축제와는 대조적으로, "수난의 금요일"에는 슬픔에 찬 공연이 있는데, 그날은 부활절 절기 중에 진정으로 절망을 느끼는 날입니다. 어떤 필리핀 사람들은 육체적 고통을 맛보는 것을 통해 자신의 끔찍한 죄를 씻어야 한다고 생각합니다. 그러한 사람들은 자신으로부터 무서운 죄를 제하려는 마음으로 자기 몸을 예리한 금속과 유리 조각으로 베기도 합니다. 그리고 나서 그는 무거운 십자가를 지고 거리를 행진하고, 그 뒤를 울부짖는 한 무리의 사람들이 따르는데, 이들이 그 사람의 이러한 고난의 증인이 됩니다. 죄 용서를 받기 위한 얼마나 끔찍한 방법인지 모릅니다.

이것은 매년 행해지는 힌두교의 타이푸삼 의식과 너무나 유사합니다. 참회자는 예리한 금속 막대로 자기 뺨을 찌릅니다. 그리고 나서 그는 자기 어깨를 뾰족한 창으로 찌릅니다. 그 창에는 우상을 담고 있는 커다란 새장이 달려 있습니다. 그는 이를 통해 자신의 죄를 제할 수 있기를 소망하는 것입니다.

두 경우 다 그러한 의식은 죄에 대한 승리를 가져다 주지 않습니다. 십자가는 성당의 창고에 도로 갖다 두게 되고, 힌두교의 우상은 사원에 가져다 두며, 둘 다 그 다음해에 똑같은 과정을 되풀이할 때까지 보관됩니다. 결코 구원의 확신을 얻을 수 없으며, 그러한 참회의 행동으로 인해 죄 용서를 받았다는 보장도 없습니다.

필리핀인들에게 있어서 은혜로 들어가는 문은 교회이지 예수 그리스도가 아닙니다. 죄는 오직 육체와 영혼을 괴롭게 하는 것을 통해 씻을 수 있다고 생각합니다. 그렇게 한 경우에도 자신이 구원을 받았는지 그 여부를 아는 사람은 아무도 없습니다.

그들은 하나님께서는 독단적으로 그분이 원하시는 사람을 구원하시고 그분이 원하시는 사람을 정죄하여 지옥에 던져 넣으시는데, 이에 대해 할 수 있는 일은 아무것도 없다고 생각합니다. 모든 사람들은 온전히 죄악 되고 무가치하지만, 만약 교회에 헌금을 후히 하고 "성모송(聖母頌)"을 많이 암송하면 은혜를 받을 후보자 명단에 들어가게 될 수도 있다는 것입니다. 필리핀의 문화에서는 가족들의 도덕적인 면이 어머니의 책임인데, 이는 거룩한 동정녀 마리아와 같이 궁휼이 많은 존재이기 때문이라고 합니다. 고집스럽고 종잡을 수 없는 것 같은 아버지에게 그런 책임이 주어지지는 않습니다.

그러나 우리 힘으로는 결코 경건하고 거룩한 삶을 살 수 없습니다.

십자가로 말미암아 우리의 죄는 용서되며, 우리 삶은 변화될 수 있습니다. 그리스도 안에서 우리는 새로운 피조물이 될 수 있습니다. 예수 그리스도의 말씀이 캄캄한 절망의 감옥 속에 갇혀 있던 영혼들에게 천국의 노래 소리와 같이 울려 퍼집니다. "내가 온 것은 양으로 생명을 얻게 하고, 더 풍성히 얻게 하려는 것이라"(요한복음 10:10). "하나님이 세상을 이처럼 사랑하사 독생자를 주셨으니, 이는 저를 믿는 자마다 멸망치 않고 영생을 얻게 하려 하심이니라"(요한복음 3:16). "진리를 알지니 진리가 너희를 자유케 하리라"(요한복음 8:32).

주 예수 그리스도께 대한 개인적인 믿음으로 말미암아 우리는 죄의 형벌로부터 자유로워집니다. 우리는 의롭다 하심을 받습니다. 이는 온 세상의 재판장이신 하나님께서 우리를 의롭다고 선언하셨다는 의미입니다. 주목하십시오. 하나님께서는 우리에게 "무죄, 즉 죄가 없다"고 선언하신 것이 아니라, 죄인인 우리를 "의롭다"고 선언하셨습니다. 지옥의 형벌을 받아 마땅한 우리가 천국의 시민권을 얻어 주님과 함께 영원히 그곳에서 살 수 있게 되었습니다. 우리는 죄로 인한 모든 형벌로부터 자유로워졌으며, 예수 그리스도처럼 의롭다고 여겨집니다. 이것은 순전히 하나님의 은혜입니다.

그러나 거기서 멈추지 마십시오. 하나님께서는 우리가 이땅에서도 그분께 순종하며 의롭게 살기를 원하십니다. 이러한 삶이야말로 하나님의 이름을 증거하며, 다른 사람들에게 우리가 하나님을 사랑한다는 것을 보여 줍니다. 하나님께서는 우리가 새로운 습관, 새로운 태도, 새로운 목표, 새로운 감정, 그리고 새로운 생활 방식을 가진 새로운 사람이 되기를 원하십니다(고린도후서 5:17).

그러나 우리는 "전 그렇게 될 수 없어요"라고 말합니다. 하나님께서는 "너는 될 수 있다. 네가 원하기만 한다면. 너는 선택할 수 있는 능력이 있다. 나는 네게 그러한 능력을 주었다"라고 대답하십니다.

우리는 "하지만 저는 이 특별한 죄에게는 승리할 수가 없습니다"라고 말합니다. 그것은 사탄으로부터 왔거나 우리의 거짓된 마음에서 나오는 거짓말입니다. 왜냐하면, 하나님께서는 "사람이 감당할 시험 밖에는 너희에게 당한 것이 없나니, 오직 하나님은 미쁘사 너희가 감당치 못할 시험당함을 허락지 아니하시고, 시험당할 즈음에 또한 피할 길을 내사 너희로 능히 감당하게 하시느니라"(고린도전서 10:13)라고 말씀하시기 때문입니다.

이것은 그리스도인들을 위한 필수적인 구절입니다. 나는 삶에서 이 구절을 다른 어떤 구절보다 더 많이 사용해 왔습니다. 이 구절을 오늘 주장해 보십시오. 죄에 대해 승리하게 해준다는 것을 알게 될 것입니다. 당신은 승리하는 삶을 살 수 있습니다.

예수님과 함께 가는 제자의 길

제 4 장

기본적인 삶의 훈련

> 영적으로 성숙하고 열매 맺기 위해서는
> 말씀, 기도, 교제, 그리고 증거의 삶을 훈련해야 한다.

제자의 도라는 여행은 기꺼이 굴복하고 버리는 것 그 이상을 수반합니다. 우리는 그리스도의 주재권에 굴복함으로 그리스도께서 우리의 삶을 다스리시도록 해드립니다. 그리고 우리를 속박해 온 죄들을 버리고 하나님의 말씀이 약속하고 있는 자유를 누리며 살기 시작합니다.

그러나 그 여행에는 중요하고 기본이 되는 또 다른 요소가 있습니다. 많은 사람이 좋아하지 않지만, 그것은 바로 훈련이라는 요소입니다. 제자의 도는 훈련을 의미합니다. 제자는 선생의 훈련을 충실히 따르는 사람이라고 정의할 수 있습니다.

그리스도인의 여행은 주님과 교제하면서 매일 걷는 것입니다. 거기에는 영적인 것들을 매일 섭취하는 것과 배운 바를 삶에서 매일 실행하는 것이 필요합니다. 우리는 매일 마음을 새롭게 할 필요가 있습니다(로마서 12:2). 우리는 오르막길을 예수님과 함께 여행하며, 하나님께서 가르쳐 주시는 것들을 매일 실행하기 위해서는, 매일 새로운 가르침을 받으며 매일 새로운 힘을 얻을 필요가 있습니다.

십대였을 때 나는 내가 그리스도 중심의 삶을 사는 데 얼마나 준비가 되어 있지 않은지를 몰랐습니다. 나는 어린 시절부터 정기적으로 교회에 출석하고 있었습니다. 사실, 나는 학생회의 임원으로 뽑히기도 했습니다.

1941년 12월 6일 저녁, 나는 호놀룰루의 어느 가정의 거실에 자신들을 "네비게이토"라고 부르는 한 무리의 병사들과 함께 앉아 있었습니다. 그런데 각 사람은 성경 말씀 한 구절을 소리 내어 암송해야 했습니다. 주일학교나 교회에서는 이러한 것을 할 필요가 없었기 때문에 나는 별로 준비가 되어 있지 않았습니다. 사실, 나는 성경을 거의 알지 못했습니다. 나는 성경을 다 읽어 본 적이 없었으며, 심지어 신약성경마저도 다 읽어 보지 못했습니다.

나는 단 한 구절 요한복음 3:16은 알고 있었습니다. 그러나 다른 병사가 그 구절을 암송하는 바람에 낙심이 되었습니다. 내 차례가 되자 나는 "태초에 하나님이 천지를 창조하시니라"라고 내뱉음으로 겨우 위기를 모면했습니다.

다음날인 12월 7일 일요일 아침 8시에 나는 미국 군함 베가 호의 갑판을 청소하고 있었습니다. 갑자기 모든 병사들에게 "전투 부서"로 가라는 경보음이 들렸습니다. 나는 흔히 있는 훈련으로 생각하고 우리의 전투 부서로 어슬렁거리며 걸어갔습니다. 배의 기록에 따르면, 모든 병사들이 자기 위치로 가는 데는 3분 30초가 걸렸습니다. 그러나 그것은 평상시의 훈련이 아니었습니다. 전쟁이 발발한 것이었습니

기본적인 삶의 훈련

다. 일본군이 진주만을 공격해 온 것입니다.

나의 임무는 갑판에 있는 네 개의 대공포 가운데 하나에 탄약을 장전하는 것이었습니다. 장전하기 위해 탄약을 찾아보니 갑판에 있는 것은 모두 연습용 모의 탄약뿐이었습니다. 적기로부터 폭탄이 비오듯 쏟아지고 있는데 우리에게는 사용할 수 있는 탄약이 없었습니다. 마침내, 우리는 아래쪽 갑판의 조그만 방에 안전하게 보관되어 있는 탄약을 발견했습니다. 그러나 문을 열려고 했으나 너무나 오랫동안 연적이 없어 문이 얼어 꼼짝도 하지 않았습니다. 또 다시 낭패였습니다! 사람들은 여기저기서 아우성이었습니다. 누군가가 토치 램프를 가지고 와서 문을 녹였고 마침내 우리는 탄약을 가지고 갈 수 있었습니다(우리는 이 이야기는 배의 공식 일지에 기록하지 않았습니다). 그러나 일본군의 공격이 시작된 지 약 31분 후 우리가 첫 포탄을 쏘아 올렸다는 사실은 일지에 기록되어 있습니다.

우리는 전쟁에 대비가 되어 있지 않았다는 것이 명백했습니다. 일본군의 공습이 끝난 후 나는 바로 전날 저녁에 있었던 일을 돌이켜 보았습니다. 나는 그때 암송 시간에 대비가 되어 있지 않았습니다. 하나님의 말씀을 준비해 두지 않았던 것입니다. 그 두 사건은 서로 관련이 있는 것처럼 보였습니다. 나는 하나님의 말씀으로 제대로 무장이 되어 있지 않기 때문에 사탄의 공격에 대비한 준비가 되어 있지 않았던 것입니다. 그것이 내가 젊은 병사들이 직면하곤 하는 유혹들을 이기기 위해 그토록 씨름을 했던 주된 이유였습니다. 그리고 대부분의 경우 나는 패배했습니다.

그 일요일 오후 나는 대공포 옆에 앉아서 성경을 읽고 있었습니다. 그때 나는 다짐을 했습니다. 나는 주님께서 도와주시면 성경을 마스터하기 위해 한 번 시도해 보겠노라고 주님께 약속드렸습니다. 그 뒤

나는 미친 듯이 성경을 공부했습니다. 몇 주 만에 신약성경 전체를 통독했습니다. 그리고 해군에 있는 5년 동안 나는 하루에 한 구절 이상을 암송했습니다.

그러나 나는 그리스도인의 삶에서 균형이 필요했습니다. 네비게이토 선교회의 창시자인 도슨 트로트맨은 이 면에서 나를 도와주었습니다. 그는 "수레바퀴 예화"를 만들었습니다. 이 예화는 성령 충만하고 열매 풍성한 삶을 살도록 도와주는 요소를 시각적으로 잘 보여 줍니다(이 책 뒷부분에 있는 부록 **수레바퀴 예화** 참조).

수레바퀴의 테는 실제 삶에서 그리스도인의 순종하는 삶을 나타냅니다. 테가 땅에 닿아 있듯이, 그리스도인은 세상과 접하고 있습니다. 세상 사람들은 순종하는 삶을 사는 그리스도인의 삶을 보고 그리스도에 대해 알게 됩니다. 그리스도인은 세상에 있으나, 세상에 속하지는 않습니다(요한복음 17:14).

우리의 삶의 방식은 그리스도의 명령들에 대한 우리의 순종에 의해 결정됩니다. 많은 사람들이 예수님을 사랑한다고 하지만, 예수님께 순종하지는 않습니다. 예수님께 대한 사랑의 증거는 순종입니다. 예수님께서는 죽음을 눈앞에 두고 다락방에서 제자들에게 말씀하실 때 다섯 번이나 이 점을 지적하셨습니다(요한복음 14:15,21,23, 요한복음 15:10,14). 예수님께서 한 번만 말씀하셨어도 중요할 것입니다. 하물며 다섯 번이나 말씀하셨으니 이 얼마나 중요한 진리입니까! 주님께서는 그리스도인의 삶에서 어떤 것이 취약할지를 알고 계셨던 것입니다.

대부분의 사람들에게 있어서, 알고 있는 것이 순종하는 것을 훨씬 능가합니다. 오늘날 그리스도인은 대개 지식의 홍수 속에 살고 있습니다. 우리는 지난 어느 세대보다 더 많은 것을 알고 있습니다. 그렇

기본적인 삶의 훈련

다고 우리가 더 거룩한 삶을 살고 있습니까? 우리는 오늘날 많은 유리한 점들을 가지고 있습니다. 좋은 기독교 서적들이 많이 있어 마음만 먹으면 어떤 그리스도인들이나 이용할 수 있습니다. 이전보다 더 많은 기독교 학교가 있으며, 성경을 배우는 수양회, 특별한 영역에 대한 세미나, 제자 훈련반, 교육용 영화, 교회 캠프 등이 이전의 그 어느 때보다 많습니다. 뿐만 아니라, 미국의 그리스도인들은 세계적으로 유명한 목사나 부흥사들의 설교를 자기 집 방안에서 TV를 통해 시청할 수도 있습니다. 교회들은 가정 생활을 돕기 위한 센터를 세우거나 레크리에이션을 위한 활동들을 계발하고 있습니다. 모든 것이 있습니다. 다만 한 가지, 순종만 없습니다.

주님께서는 우리에게 무엇을 원하십니까? 단지 그분이 말씀하신 것을 행하는 것입니다. 순종입니다. 우리는 반드시 난해한 모든 구절들을 해석할 수 있어야 훌륭한 그리스도인이 될 수 있는 것은 아닙니다. 행하기 시작하십시오. 주님의 단순 명확한 가르침들을 순종하기 시작하십시오.

축은 바퀴의 중심입니다. 이와 마찬가지로 그리스도께서는 순종하는 그리스도인의 삶에서 중심을 차지하셔야 합니다. 여기서 "주재권" 결단이 이루어져야 합니다. 즉, 삶의 모든 영역에서 그리스도께서 주님이 되시도록 해드려야 하는 것입니다(3장 참조).

축이 바퀴를 돌립니다. 동력은 축을 통해 전달됩니다. 만약 축을 바퀴에서 제한다면 남는 것은 둥그렇고 텅 빈 자리뿐입니다. 바퀴는 돌아가지 않습니다. 예수님께서는 "나를 떠나서는 너희가 아무것도 할 수 없음이라"(요한복음 15:5)라고 말씀하셨습니다.

수레바퀴 예화는 예수님께서 요한복음 15:5에서 제자들에게 가르쳐 주신 진리들을 그림으로 잘 나타내고 있습니다. 그 구절에서 예수님께서는 포도나무와 가지의 비유를 사용하셨고, 예수님 안에 거하기 위해 필요한 원리들을 열거하셨습니다.

신체적인 건강을 위해서도 필수적인 것이 있습니다. 예를 들면, 우리는 음식과 공기를 필요로 합니다. 그리고 휴식과 운동도 필요합니다. 만약 이것들 가운데 한 가지라도 결핍되거나 부족하면, 건강을 유지하지 못합니다. 마찬가지로, 영적인 건강과 성장을 위해서도 필수적인 요소들이 있습니다. 바로 수레바퀴 예화에 있는 살들입니다. 이러한 것들이 우리가 그리스도와 보다 생동적인 관계 가운데 살아갈 수 있게 합니다.

수직 살 가운데 아래쪽 살은 하나님의 말씀입니다. 우리는 썩지 아니할 씨인 하나님의 말씀에 의해 거듭났습니다(베드로전서 1:23). 우리 마음에 심겨진 하나님의 말씀은 우리 영혼을 구원합니다(야고보서 1:18,21). 그러나 말씀은 구원을 얻기 위한 수단일 뿐만 아니라 영적으로 성장하기 위한 도구이기도 합니다(베드로전서 2:2,3). 그리스도 안에서 갓 태어난 영적 아기들은 하나님의 말씀이라는 젖을 먹음으로 영양분을 섭취합니다. 청년들은 말씀에 헌신되고 그 말씀을 자신들의 삶에 적용할 때 유혹을 이길 수 있습니다(시편 119:9,11, 시편 37:31, 잠언 7:1-3,5).

예수님께서는 사탄의 공격을 물리치기 위해 말씀을 인용하셨습니다(마태복음 4:4,7,10). 그러므로 그리스도인들도 성령의 검인 하나님의 말씀(에베소서 6:17)을 사용하지 않는 한 육신적인 유혹들에 승리할 가능성은 없습니다. 교회의 지도자들마저도 말씀의 지식에서 계속 진보를 이루어야 했습니다. 바울은 에베소의 장로들과 그들의 교회가 계속 성장하도록 그들을 하나님의 말씀께 부탁하였습니다(사도행전 20:32).

기본적인 삶의 훈련

우리는 그리스도의 말씀을 통해 주님 안에 거합니다. 이를 통해서 주님께서는 우리에게 말씀하실 수 있습니다. 영적인 삶의 어떤 단계에서든 주님의 말씀을 소홀히 한다면, 영적 성장은 멈추고 말 것입니다. 사실, 고린도전서 2:9-3:5과 히브리서 5:11-14은 우리의 영적 성장의 정도는 하나님의 말씀을 얼마나 알고 그리고 생활에 적용하는지에 달려 있다고 가르칩니다. 육신적인 그리스도인은 이해력이 떨어지고 하나님의 말씀의 깊은 진리들을 자기 삶에 적용하지 않기 때문에 젖이나 먹어야 합니다. 영적인 그리스도인은 하나님의 말씀을 꾸준히 사용하고 적용하기 때문에 자신이 경건한 삶을 살 뿐 아니라 다른 사람들을 경건한 삶으로 인도할 수 있습니다(히브리서 5:14).

위쪽에 있는 살은 기도입니다. 기도하도록 가르치는 방법 가운데 하나는 예수님께서 제자들에게 하신 것처럼 하는 것입니다. 바로 함께 기도하는 것입니다. 나 역시 이러한 방법을 통하여 기도를 배웠습니다. 도슨 트로트맨은 나와 함께 기도하는 데 몇 시간이고 투자했습니다.

기도는 하나님 아버지께 말씀드리는 것으로서, 즐거움이자 특권입니다(요한복음 16:24). 우리는 모든 것을 믿음으로 구해야 하며(마태복음 21:22), 모든 것에 대해 감사드려야 하며(에베소서 5:20), 모든 환경에서 감사드려야 합니다(데살로니가전서 5:18). 우리는 기도하되, 자신이 영적으로 돕고 있는 사람들을 위해(데살로니가전서 3:10), 위정자들을 위해(디모데전서 2:2), 모든 사람을 위해(디모데전서 2:1), 그리고 심지어 우리의 원수들을 위해서도 기도해야 합니다(마태복음 5:44).

효과적인 기도란 우리와 같은 순례의 길을 걸었던 엘리야의 기도처럼 구체적인 기도입니다. 그의 기도는 모호하지 않았습니다(야고보서 5:17-18). 그가 비 오지 않도록 기도했더니 3년 반 동안 비가 오지 않았고, 비 오기를 기도했더니 비가 억수같이 쏟아져 왕의 병거가 진흙 속에 빠질 지경이었습니다. 그가 또한 불을 위해 기도했더니, 하나님께서 하늘로부터 불로 응답하사 제단 위에 있던, 물로 흠뻑 적신 나무를 다 태우셨습니다(열왕기상 18:37-38). 엘리야가 그토록 담대하게 기도할 수 있었던 것은, 하나님의 말씀을 따라, 그리고 하나님의 영광을 위해 기도했기 때문이었습니다(열왕기상 18:36-37, 야고보서 5:14-15).

말씀과 기도의 이 두 가지 살은 그리스도인의 삶이라는 바퀴에서 수직 살입니다. 그것들은 우리가 살아 계신 하나님과 교제를 갖는 것과 관계가 있습니다. 말씀을 통해 하나님께서는 우리에게 말씀하시고, 기도를 통해 우리는 하나님께 말씀드립니다. 그러나 만약 우리가 듣지 않거나 말하기를 중단하면 대화는 끊어집니다. 이것은 사람들 사이의 대화처럼 쌍방향으로 이루어집니다. 만약 이 대화가 끊어지면, 우리는 진정한 교제 가운데 있지 않으며, 아무 힘도 없습니다.

수평 살들은 다른 사람과 우리의 관계를 보여 줍니다. 그 하나는 그리스도인들과의 관계인 교제입니다. 교제는 우리의 영적인 생활에 중요합니다. 그리스도인의 교제를 통하여 정기적으로 격려와 자극을 받지 않고 영적인 삶을 살아간다는 것은 거의 불가능합니다. 그래서 히브리서에서는 예수님이 다시 오실 때가 가까울수록 교제를 위해 더욱 모이기를 힘쓰고, 서로 돌아보아 사랑과 선행을 격려하라고 권면하고 있습니다(히브리서 10:24-25).

그리스도인들이 만나 대화를 하며 시간을 같이 보낸다고 해서 다 교제는 아닙니다. 그리스도인의 교제는 그리스도 중심이어야 합니다. 요한일서 1:3에서는 "우리가 보고들은 바를 너희에게도 전함은 너희로 우리와 사귐이 있게 하려 함이니"라고 말씀하고 있습니다. 교제의 기초는 모두가 예수 그리스도를 알고 있다는 것입니다.

그리스도인의 교제에는 또한 하나 됨과 사랑이 있어야 합니다. 빌립보서 2:2에 "마음을 같이하여 같은 사랑을 가지고 뜻을 합하여 한마음을 품어"라고 말씀하고 있습니다. 또한 요한복음 13:35에는 "너희가 서로 사랑하면 이로써 모든 사람이 너희가 내 제자인 줄 알리라"고 하셨습니다.

우리는 함께 교제하는 사람을 닮아 가게 되어 있습니다. "지혜로운 자와 동행하면 지혜를 얻고, 미련한 자와 사귀면 해를 받느니라"고 잠언 13:20에서 말씀하고 있습니다. 경건하고 성숙한 그리스도인들과의 교제를 사모하십시오. 그렇게 하면 당신도 그런 사람이 되어 갈 것입니다. 교제의 결과 우리는 또한 격려를 얻으며, 죄의 유혹으로부터 보호받습니다.

수평 살 가운데 나머지 하나는 예수님을 모르는 사람들과의 관계인 증거입니다. 증거는 두 가지 방법으로 이루어집니다. 삶을 통해서, 그리고 입술을 통해서 이루어지는 것입니다. 효과적인 증거가 되려면, 삶을 통한 증거가 입술을 통한 증거에 선행되어야 합니다. 우리의 삶이 예수 그리스도의 가르침을 반영하지 않는다면 죄인들에게 복음으로 도전할 때 효과가 떨어질 것입니다. 그들은 "그의 행동이 너무나 큰 소리로 말하기 때문에 그가 말하는 소리를 들을 수가 없단 말이야"라고 생각할 것입니다.

또한 우리는 입술로 증거해야 합니다. 사해(死海)와 같은 삶을 사는 사람들도 있습니다. 물이 흘러 들어오기만 하고 흘러 나가지는 않습니다. 우리는 다른 사람들에게 나누어 주어야 할 위대한 진리들을 흡수하기만 하는 스펀지가 되어서는 안 됩니다. 우리는 다른 사람들에게 생수가 흘러가도록 하기 위한 축복의 통로가 되어야 합니다. 복음은 우리에게 전파되는 것으로 끝나지 않고 우리의 입을 통해 다른 사람에게로 전파되어야 합니다.

바울은 스스로를 빚진 자라고 했습니다. 하나님께 빚진 자는 아니었습니다. 구원은 값없이 주어지는 것이기 때문입니다. 그는 사람들에게 빚진 자였습니다. 복음은 믿지 않는 사람들을 위한 것입니다. 그것은 모든 사람들을 위한 것입니다. 우리가 복음을 움켜쥐고 다른 사람들에게 전해 주지 않는다면 그들의 것을 강탈하는 것과 같습니다.

우리는 아람 군대가 버리고 간 엄청난 식량과 물건을 우연히 발견한 네 명의 문둥이가 처음에 했던 행동을 본받아서는 안 됩니다. 그들은 그것들을 자기들만을 위해 감추었습니다. 그렇게 해서는 안 됩니다. 우리는 성안에서 죽어 가는 사람들에게 예수님께서 적을 물리치셨으며 누구라도 구원을 받을 수 있다는 기쁜 소식을 전해야 합니다(열왕기하 7장). 진정한 그리스도인은 증거를 해야 하며, 열매를 맺으며 사람들을 얻습니다(다니엘 12:3, 잠언 11:30, 야고보서 5:20, 요한복음 15:16).

이것이 바로 균형이 잘 잡힌, 그리스도 중심의 삶입니다. 그리스도께서 다스리시는 가운데, 그리스도인은 말씀과 기도와 교제와 증거를 통해 주님 안에 거합니다. 이 모든 것이 중요합니다. 그중에 한 개의 살이라도 약하거나 없으면 바퀴는 부드럽게 굴러가지 않을 것이며, 그리스도인의 삶은 균형을 잃게 됩니다.

당신의 삶에는 어떤 살이 약합니까?

제 2 부

더 높은 곳을 향하여…

예수님과 함께 가는 제자의 길

들어가는 말

제1부(부록에 있는 그림 참조)에서는 제자의 도의 기본적인 수준에서 접하게 되는 것들을 토의했습니다. 이 단계에서의 핵심 단어는 "계속하다"입니다. 계속 하나님께서 나의 삶을 다스리시게 하고, 계속 육신적인 것들에 대해 승리하는 삶을 살며, 계속 주님과 매일 교제를 나누며, 주님께서 나에게 가르쳐 주시는 것들을 실행해야 합니다.

대부분의 버스 노선의 경우, 주요한 정류소마다 버스 표를 점검하며, 더 멀리 타고 가려면 추가로 요금을 더 내야 합니다. 노선은 몇 개의 구간들로 나누어져 구간을 넘어설 때마다 요금이 추가됩니다.

그리스도인의 삶은 버스를 타고 가는 것과 비슷합니다. 당신은 종점까지 타고 갈 수도 있고, 중간의 어떤 정류장에서 내릴 수도 있습니다. 제자의 도라는 여행과 버스 여행을 비교해 보도록 합시다.

버스에 탑승하는 것은 무료입니다. 최초의 요금은 누군가에 의해 지불되었습니다. 구원은 값없이 얻는 것입니다(적어도 우리에게는 무료). 그러나 제자의 도는 값을 치러야 합니다.

주요한 정류장마다 차장이 지나가며 그 여행을 계속하기 위한 요금을 지불하도록 요구합니다. 친구들 가운데 많은 이들이 각 정류장에서 하차하는 것을 봅니다. 버스는 처음 출발할 때는 아주 붐빕니다. 입석밖에 없습니다. 그러나 얼마를 가면 상당히 넓어진 것을 알 수 있습니다. 그리하여 그 여행의 끝 부분이 다가오면 아주 많은 좌석이 비어 있게 됩니다.

오르막길로 여행하면서, 제2부에서는 그 여행에 보다 높은 지대로, 즉 위쪽으로 향하는 부분이 있다는 것을 살펴보게 될 것입니다. 사도 바울마저도 자기는 도달하지 못했으며, 목적지에 이르지 못했으며, 종점에 도달하지 못했다고 고백했습니다. "내가 이미 얻었다 함도 아니요 온전히 이루었다 함도 아니라.…오직 한 일 즉 뒤에 있는 것은 잊어버리고 앞에 있는 것을 잡으려고, 푯대를 향하여 그리스도 예수 안에서 하나님이 위에서 부르신 부름의 상을 위하여 좇아가노라"(빌립보서 3:12-14).

완주한 모든 사람에게는 놀라운 상이 있습니다. 그러므로 제자의 도라는 여행을 계속합시다. 자원하기만 하면, 우리는 계속 성장하며, 계속 진보하며, 그리고 계속 영적인 삶에서 더 많은 열매를 맺을 수 있습니다.

제2부에서는 제자의 도의 더 높은 수준에 속한 세 가지 영역을 탐구하게 될 것입니다. 이 시점에서는 여러 가지 질문들이 떠오릅니다. 성령으로 충만하다는 것의 진정한 의미는 무엇인가? 예수님을 닮은 삶을 살고자 노력하면 나의 모든 성품이 변화될 수 있는가? 얼마나 많은 하나님의 약속들을 오늘을 사는 나의 삶과 상황에 적용할 수 있는가?

들어가는 말

　예수님 안에서 사는 삶은 놀라운 모험입니다. "내게 사는 것이 그리스도니"(빌립보서 1:21)라고 한 바울의 발자취를 따릅시다.

예수님과 함께 가는 제자의 길

제 5 장

성령으로 충만해짐

> *특별한 은사나 능력을 소유함으로 성령 충만해지는 것이 아니라, 우리의 결정과 생각과 행동이 성령의 지배를 받을 때 성령으로 충만해진다.*

성령의 사역에 대한 가르침에 있어서 오늘날 약간의 혼란이 있습니다. 사실, 이 문제는 교회사를 통해 죽 있어 왔습니다. 바울은 선풍적인 어떤 은사들에 온통 마음이 빼앗겨 있던 고린도 성도들에게 하나님은 어지러움의 하나님이 아니요 화평의 하나님이시라는 점을 상기시켰습니다(고린도전서 14:33).

그는 은사가 어떤 사람의 영성(靈性)을 나타내는 것이 아님을 강조했습니다. 궁극적으로 하나님을 영화롭게 하는 것은 믿음과 소망, 그리고 특히 사랑을 나타내는 것입니다. 사실, 은사에 너무나 마음을 빼앗기고, 자기 지식을 너무 자랑하고, 행동을 너무 조심성 없이 하고, 파벌을 조성함으로, 고린도 교회 사람들은 온 세상을 향해 자신들의 미성숙을 드러내었습니다. 바울은 그들의 죄와 교단으로 인해 그 어떤 교회보다도 더 고린도 교회를 준엄하게 꾸짖었습니다.

따를 만한 모본을 구하는 자들에게, 귀한 모본으로서 바울은 데살로니가 교회를 제시했습니다. 그들은 복음을 받아들이고 전파하는 태도에서 사도들과 주님을 본받는 자들이 되었습니다(데살로니가전서 1:5-6). 삶의 명확한 변화 등 좋은 간증을 통해 복음은 데살로니가 교회로부터 전파되어 마게도냐와 아가야를 거쳐 온 세상에 이르렀습니다(데살로니가전서 1:7-8. 사도행전 1:8 참조).

특히, 데살로니가 교회는 믿음과 사랑과 소망에서 뛰어났고(데살로니가전서 1:3), 극한 가난 속에서도 희생적인 헌금을 하였습니다(고린도후서 8:1-5). 이 교회는 복음을 전파하기 위해 무슨 특별한 은사나 지식이나 부(富)를 얻으려고 하지 않았습니다. 데살로니가 성도들은 자기가 가지고 있는 그것을 드렸고, 하나님께서는 그들을 축복해 주셨습니다. 그러한 교회에서 목회하고 있는 목사라면 누구라도 하나님께 감사할 것입니다. 그들은 진정으로 성령으로 충만했습니다!

일본에 선교사로 가 있을 때, 나는 가슴 아픈 경험을 했습니다. 일본은 늘 어려운 선교지였습니다. 2차 대전 직후 맥아더 장군은 수많은 선교사들을 일본으로 초청했습니다. 10년도 안 된 기간에 이전에 없었던 이러한 좋은 기회를 이용하기 위해 4,000명이 넘는 선교사들이 일본으로 몰려들었습니다. 처음에는, 패전으로 상처받은 일본 사람들이 자기 나라를 이긴 사람들의 종교를 받아들이기 위해 손을 내밀어 상당한 성과들이 있었습니다. 그러나 급속도로 부유해지고 민족주의가 부상함에 따라, 그리고 맥아더가 물러나게 되어 인기를 잃자 분위기가 바뀌었습니다. 간혹 많은 군중들이 거리에서 전도자들과 설교자들의 말에 인내심 있게 귀를 기울인 적이 있기는 했으나, 일본 사람들은 점점 더 복음에 냉담해져 갔습니다.

성령으로 충만해짐

많은 선교사들이 실망을 했습니다. 그들 가운데 대부분은 처음으로 선교사로 온 사람들이었습니다. 전쟁이 일어나기 전부터 있었던 소수의 베테랑 선교사들이 있기는 했지만, 그들의 충고는 수많은 새로운 선교사들의 소리에 눌려 들리지도 않았습니다. 새로운 선교사들 가운데는 말씀을 가르치고 전파하는 이전의 방법들은 일본 사람들에게는 통하지 않는다고 주장하는 이들도 있었습니다. 그들은 "우리에게 필요한 것은 기적입니다. 선교사들이 신비한 은사들을 가지고 있다면, 일본 사람들이 틀림없이 귀를 기울일 것입니다"라고 했습니다.

신비한 은사를 소유하고 있다고 주장하는 어떤 인사의 설득으로, 약 40명의 똑똑한 선교사들이 특별한 은사들을 받고 이를 전파하기 위해 모여 성령의 역사를 기다렸습니다. 그리고 그 인사는 그들에게 "단순한 복음을 믿기만 하라"는 낡은 선교 방법을 버리고 소속 선교 단체를 떠나라고 했습니다.

일본의 산악 지대에 있는 작은 마을에 모인 이 모임은 시작은 떠들썩했지만, 결국 형편없는 실패작으로 끝나고 말았습니다. 2년간의 선교를 통해 그 40명의 선교사들은 겨우 20명의 일본인을 얻었을 뿐이었습니다. 그 모임에 참여했던 선교사들의 대부분이 얼마 후 거기에서 나와 본국으로 돌아가 버렸습니다.

나는 크게 상심이 되었습니다. 나는 그때 안식년으로 미국에 있었지만, 많은 선교사들이 이 운동에 가담했기 때문입니다. 자세한 사항을 다 언급하지는 않았지만, 그것은 참으로 쓰디쓴 경험이었습니다. 그것을 통해 나는 영적인 능력과 영적 전쟁에 대해 몇 가지 교훈을 배웠습니다. 그리고 그것은 내가 더 나은 선교사가 되는 데 도움이 되었습니다.

내가 말하고자 하는 바는, 오늘날에도 방언이나 신유나 예언이나 영 분별 등의 은사를 받을 수 있는가 하는 것이 아닙니다. 선교 사역의 열매가 없을 때 하나님께서 이를 위한 능력이나 도구를 주시지 않았기 때문일 것이라고 추측해서는 안 된다는 말입니다. 열매가 없는 원인은 우리의 죄나 믿음 부족일 수도 있습니다. 하나님께서 어떤 것을 주시지 않아서 그런 것은 아닙니다. 베드로후서 1:3에 의하면, 하나님께서는 이미 "그의 신기한 능력으로 생명과 경건에 속한 모든 것"을 우리에게 주셨습니다.

은사는 우리의 영성과는 별로 관계가 없습니다. 고린도 교인들은 많은 은사를 가지고 있다고 자랑하였지만, 바울은 그들을 영적이라고 하지 않고 육신적이라고 했습니다(고린도전서 3:1). 영성은 스스로 판단할 수 있는 성질의 것도 아닙니다. 사도행전에서 사도들은 스스로 영적이라고 생각하는 사람들 중에서 자원하여 섬길 자를 찾지 않았습니다. 그 대신, 성령과 지혜가 충만하여 주위의 그리스도인들로부터 칭찬 듣는 사람 일곱 명을 선택했습니다(사도행전 6:3). 모세는 40일간 하나님과 함께 있다가 돌아왔을 때 자기 얼굴에서 광채가 나는 것을 깨닫지 못했습니다(출애굽기 34:29). 당신이 성령으로 충만하다면, 아무에게도 이야기할 필요가 없습니다. 이야기하지 않아도 사람들은 알게 됩니다. 당신이 성령으로 충만하지 않다면 사람들은 그 사실도 알게 됩니다!

자기의 영성을 자랑하는 사람을 경계하는 것은 지혜로운 일입니다. 분명한 것은, 자기가 성령 충만하다고 주장하면서 부도덕한 행동을 하거나, 이웃의 물건을 훔치거나, 이웃 사람을 속이거나, 형제를 비방하거나, 이기적으로 행동하거나, 혀를 잘못 사용하거나, 더러운 것을 생각하거나 하는 사람은 거짓말쟁이라는 것입니다. 야고보는 그 사실을 분명히 하고 있습니다. "너희는 도를 행하는 자가 되고, 듣기만 하여 자신을 속이는 자가 되지 말라"(야고보서 1:22).

체이퍼는 성화의 세 측면을 이야기하고 있는데, 첫째 하나님께 대한 굴복, 둘째 죄로부터의 자유, 셋째 영적 성장입니다. 이 세 가지를 달리 표현하면, 헌신, 죄에서 떠남, 훈련(말씀과 기도를 통하여 자신의 마음을 새롭게 하는 훈련)입니다. 또는 굴복, 분리, 그리고 성장으로 표현할 수도 있습니다.

그리스도인의 삶에서 성장하기 위한 기본적인 단계는 굴복 또는 헌신입니다. 그것을 어떻게 부르던, 그것은 예수님의 주재권을 인정하는 것입니다. 이것에 대해서는 이미 로마서 12:1을 언급하면서 2장에서 다루었고, 또 4장에서 수레바퀴 예화를 설명하면서 언급했습니다. 그 예화에서 수레바퀴의 축은 그리스도인의 삶의 원동력이 되시는 그리스도이십니다.

따라서, 영성이란 자기에게 없다고 생각되는 은사나 재능을 기다림으로써 얻어지는 것이 아니라, 우리에게 필요한 도든 것을 공급해 주시는 그리스도께 우리 삶에서 굴복하지 않은 영역을 굴복할 때 자라기 시작합니다. 우리는 그리스도 안에서 충만하여졌습니다(골로새서 2:10). 필요한 모든 것을 가지고 있는 것입니다.

그러나 사탄은 아주 교묘합니다. 하나님께서는 아담과 하와에게 필요한 것을 다 주셨습니다. 그들이 할 일이란 오직 하나님을 믿고 순종하는 것이었습니다. 사탄은 하와에게 하나님께서 어떤 좋은 것을 주시지 않았다는 그릇된 생각을 갖게 했습니다. 그것만 있으면 더 행복해지고 더 지혜롭게 되고 더 아름다워질 것이라고 속삭였습니다. 이것은 사탄의 거짓말이었습니다. 그 나무의 열매를 따먹었을 때 진실로 하와의 눈은 밝아졌고, 자기 죄와 수치를 발견하게 되었습니다. 아담 역시 하와를 따라 고의적으로 범죄하였습니다.

예수님과 함께 가는 제자의 길

    사탄은 오늘날에도 조심하고 있지 않는 그리스도인들에게 자기가 주는 것을 "한 입만" 베어먹으면 더 즐겁고, 더 지혜롭고, 더 능력 있게 될 것이라고 속삭이고 있습니다. 이것은 이단들이 새로운 멤버들을 세뇌시킬 때 사용하는 기본적인 방법입니다. 마약 판매업자들도 바로 이 방법을 사용합니다. 사탄은 바로 이 방법을 사용하여, 죄를 다양한 형태로 포장하여 사람들에게 팔고 있습니다. 그리스도인들이여, 주의합시다. 모든 선한 것과 온전한 선물은 하나님께로부터 옵니다(야고보서 1:17). 유사품을 조심하십시오. 잘못된 이유에서 잘못된 것들을 구하지 않도록 하십시오.

    성경에서는 성령을 구하라고 하지 않습니다. 주님을 찾으라고 합니다(이사야 55:6, 예레미야 29:13). 우리는 예수님을 따라가야 합니다(마태복음 4:19, 누가복음 9:23). 성령은 우리가 예수님을 따를 수 있게 하나, 결코 자의로 말하거나 행하지 않습니다(요한복음 16:13). 오히려, 성령께서는 우리로 그리스도께로 향하게 하며, 그리스도의 말씀을 생각나게 하십니다(요한복음 14:26). 제자들은 예수님으로부터 성령 강림을 기다리라는 지시를 받았습니다. 예수님의 약속대로 성령께서는 오셨고, 이제는 구원받을 때 각 그리스도인 속에 들어오사 영원히 그와 함께 거하십니다(고린도전서 12:13, 요한복음 14:16-17, 로마서 8:9).

    강신술 따위가 유행하고 있는 아시아에서 일한 선교사로서 나는 어떤 영을 구하거나 그 영이 지니고 있는 능력을 구하는 것에 대해 경고하고 싶습니다. 하나님은 영이십니다. 그러나 사탄과 그의 부하들도 영입니다. 성경은 우리에게 그들에 대해 가르쳐 주며, 영들을 시험해 보라고 명합니다(요한일서 4:1-3).

    선교사로 상하이에 간 첫 해에 나는 영을 시험하는 것을 목격했습니다. 그것은 중국 내지 선교회의 선교사들과 교회 지도자들에 의해 행해졌습니다. 공산주의자들이 상하이를 "해방"한 직후였는데, 이 역사적인 사건의 뒤를 이은 혼란을 틈타 많은 이상한 가르침들이 교회에 침투했습니다.

이러한 이상한 믿음을 전파하는 사람들 가운데 자기가 방언을 하고 병을 고치며 죽은 자를 일으킬 수 있는 신비한 능력이 있다고 주장하는 사람들이 있었습니다. 어리둥절해진 중국 교인들은 상하이에 있는 목사들과 선교사들에게 가서 도움을 요청했습니다.

날짜를 정하고 그 사람들을 시험해 보기로 했습니다. 계획된 날짜가 되자 선교사들과 중국인 목사들과 평신도들 가운데서 선택된 대표자들이 이 "신비한 능력"을 지니고 있다고 주장하는 사람 몇 명을 데리고 왔습니다. 사람들이 거실에 자리를 잡고 앉자 중국인 중재자가 요한일서 4:1-3을 읽고 나서 이제 영들을 시험하겠다고 선언했습니다.

"기적"을 일으킨다는 사람들 가운데 한 사람은 꽤 야윈 중국 남자였는데 여성처럼 높은 톤의 목소리를 지니고 있었습니다. 그가 이상한 언어로 말하기 시작했고 한 여성이 통역을 했습니다. 그 내용은 세속적인 것이요, 하나님의 선하심과 예수 그리스도와 그분의 성품과는 무관한 내용들이었습니다. 아주 모호하고 별로 흥미를 자아내지도 않았습니다. 그리고 나서 그 중재자는 그 영에게 예수 그리스도께서 육체로 오신 것을 시인하라고 도전했습니다.

흥미롭게도, 그 중재자는 그 사람이 아니라 그 사람 안에 있는 영에게 도전했습니다. 그 영은 이를 무시하고 원래 하던 일반적인 이야기를 계속했습니다. 마침내, 그 중재자는 세 번에 걸쳐 도전을 한 후에 이 영은 그리스도의 영이 아니라 마귀의 영이라고 선언했습니다. 그러자, 방언을 하고 있던, 기적을 일으킨다는 그 사람은 갑자기 노발대발했습니다. 그의 목에 있는 핏줄이 부풀어오르더니 연필 굵기는 되어 보였습니다. 그는 아주 빠른 속도로 말을 했는데, 나는 그렇게 빨리 말하는 사람을 본 적이 없었습니다. 통역하던 그 여성은 고개를 떨구고 통역을 중단했습니다. 장광설을 늘어놓는 가운데 그 사람은 중국어로 "푸, 푸, 푸, 푸"(아니야, 아니야, 아니야, 아니야)라고 외쳤습니다.

그 사람의 말과 통역은 테이프에 녹음이 되었습니다. 중국 내지 선교회의 언어 부서의 책임자의 의견에 따르면, 그 사람은 꾸며낸 언어로 말했으며 통역도 짜고 한 것이라고 했습니다. 그것은 날조된 것이었습니다. 중재자는 상하이 주변에 있는 모든 교회에 편지를 보내, 교회 지도자들 앞에서 이 영을 시험했는데 그것은 하나님의 영이 아니라 마귀의 영이었다고 알렸습니다.

나와 같은 신참 선교사에게는 두려운 경험이었습니다. 사람들이 돌아간 후, 나는 예수 그리스도의 보혈로 우리를 지켜 달라고 간절히 기도했습니다.

내가 이 이야기를 상당히 길게 설명한 것은, 우리는 무슨 능력이나 은사들을 소유함으로 성령 충만하게 되는 것이 아님을 밝히기 위함입니다. 그러면 우리는 어떻게 성령으로 충만케 됩니까?

이 답은 로마서에서 복음을 설명한 부분의 절정인 8장에 명확하게 나와 있습니다. 이것은 결코 피상적인 가르침이 아닙니다. 그것은 기독교 교리의 핵심입니다. 복음적인 교사들은 요한복음 3장이 죄인들에 대한 복음의 메시지의 정수인 것처럼, 로마서 8장은 승리하는 그리스도인의 삶의 열쇠라는 데 대개 의견을 같이합니다.

성경 교사들은 로마서의 첫 일곱 장에는 성령에 대해 거의 언급이 없는 반면, 8장의 1절부터 17절까지는 무려 16회나 언급되어 있다는 것을 지적합니다. 비록 "오직 성령의 충만을 받으라"는 에베소서 5:18 말씀처럼 직접적인 언급은 없어도, 로마서 8장에서는 어떻게 하면 매일의 삶에서 성령의 통치를 받을 수 있는지에 대해 주의 깊게 설명하고 있습니다.

이 로마서 8장을 살펴보면 다음과 같이 됩니다.

1-4절 성령을 좇아 행하라

성령을 좇아 행한다는 것은 하나님의 말씀에 순종하는 것을 의미합니다. 그리할 때 율법의 요구가 이루어집니다. 우리가 예수 그리스도를 믿을 때 그리스도의 의(義)가 우리의 것이 되었습니다. 우리가 가진 의(義)는 율법에서 난 것이 아니요 그리스도를 믿음으로 말미암아 하나님께로서 난 의입니다(빌립보서 3:9). 바울은 로마서 3장과 5장에서 이에 대해서 설명하고 있습니다. 이것은 칭의의 결과입니다. 그런데, 어떤 사람들은 우리가 의롭다 하심을 받았어도, 매일의 삶에서 하나님의 말씀의 수준을 따라 살 수는 없다고 주장합니다. 그 주장은 잘못된 것입니다.

로마서 8장에 나오는 가르침의 핵심은 "예수님을 믿음으로 말미암는 의"에 있지 않습니다. 그 핵심은 성령을 좇아 행하라는 가르침에 있습니다. 하나님께서 우리를 의롭다 하신 것은 성령을 좇아 사는 우리에게 율법의 요구를 이루기 위한 것입니다(4절). 우리는 그리스도 안에서 거룩하게 되었을 뿐 아니라, 실제 삶에서 거룩해져 가야 하며, 또 그렇게 될 수 있는 것입니다.

하나님께서는 우리가 거룩한 삶을 살기를 기대하십니다. 물론 우리 힘으로는 거룩한 삶을 살 수가 없습니다. 그러나 만약 기꺼이 성령을 좇아 행한다면, 우리는 거룩한 삶을 살 수 있습니다. 하나님께서는 수단과 능력을 공급해 주셨습니다. 핑계를 댈 수가 없습니다. 우리는 또한 계속 육신을 좇아 행할 수도 있습니다. 많은 그리스도인들이 그렇게 살고 있습니다. 그러나 우리가 육신을 좇아 계속 죄 가운데서 행해야 하는 것은 아닙니다. 그리스도께서 우리를 자유케 하셨습니다. 우리에게는 선택의 자유가 있습니다.

성령을 좇아 행하면, 우리는 매일의 삶에서 율법의 의를 이루게 됩니다. 성령을 좇아 행하면, 우리는 하나님의 말씀에 순종합니다. 우리가 하나님의 말씀에 순종하는 정도가 곧 성령께서 우리의 삶을 다스리고 있는 정도입니다. 따라서 이렇게 말할 수가 있습니다. "우리의 행동이 성령의 지배를 받고 있을 때, 우리는 성령으로 충만해 있다."

5-7절 성령의 생각과 육신의 생각

전투는 우리의 행동 영역에서만 일어나는 것이 아니요, 우리의 생각 영역에서도 일어납니다. 생각을 지배하는 것이 결국은 행동을 지배합니다. 성령께서 우리의 생각을 지배하고 있다면, 우리는 영적입니다. 육신이 우리의 생각을 지배하고 있다면, 우리는 육신적입니다. 우리의 마음이 성령의 지배를 받게 하는 열쇠는 무엇입니까? 말씀과 기도에 시간을 들이는 것입니다. 이 때문에 "경건의 시간"이 그리스도인의 성장을 위해 그토록 중요한 요소가 됩니다.

미국 고등학생들은 교실에서 보내는 시간보다 텔레비전 앞에서 보내는 시간이 더 많다는 말이 있습니다. 이러한 것이 우리의 생각에 얼마나 많은 영향을 미치겠는지 한번 생각해 보십시오. 사실, 어떠한 매체들도 우리의 생각에 부정적인(어느 정도는 긍정적인 것도 있을 수 있지만) 영향을 미칠 수 있습니다. "사람이 불을 품에 품고야 어찌 그

성령으로 충만해짐

옷이 타지 아니하겠으며"(잠언 6:27).

사도 바울은 세상적인 분위기였던 로마의 식민지 빌립보에 사는 성도들에게 이렇게 권면했습니다. "종말로 형제들아, 무엇에든지 참되며, 무엇에든지 경건하며, 무엇에든지 옳으며, 무엇에든지 정결하며, 무엇에든지 사랑할 만하며, 무엇에든지 칭찬할 단하며, 무슨 덕이 있든지, 무슨 기림이 있든지, 이것들을 생각하라"(빌립보서 4:8).

생각을 높은 수준으로 유지하는 열쇠가 있다면, 그것은 바로 성경 암송입니다. 진주만 공격이 있은 직후, 나는 한 네비게이토 형제로부터 하나님의 말씀을 암송하라는 진지한 권면을 받았습니다. 이것이 나의 인생의 행로를 완전히 바꿔 놓았습니다. 마음을 하나님의 말씀으로 가득 채우게 되자 나의 인생 철학이 완전히 바뀌게 되었습니다.

도슨 트로트맨은 예수님을 믿기로 결단한 병사들에게 주기 위해 몇 개의 암송용 구절을 뽑아 이것을 "B 레이션"(Bible Rations)이라고 불렀습니다. 이것은 새로운 그리스도인들이 영적으로 성장하는 데 아주 긴요하다는 것이 드러나 빌리 그래함은 전도 집회에서 결신자들에게 이것을 나누어 주었습니다. 이 구절들은 나중에 "그리스도와의 새출발" 세트라 불리게 되었습니다. 이 다섯 구절을 암송한 새신자는 108구절로 된 암송 세트를 받게 되었는데, 한 번에 몇 구절씩만 받았습니다. 이 세트는 "주제별 성경 암송"으로 부르게 되었는데, 오늘날까지 전세계적으로 사용되고 있습니다(구절 수는 60개로 줄어들었습니다). 승리하는 그리스도인의 삶을 사는 열쇠는 바로 성경 암송입니다.

성경 말씀에서도 이 사실을 뒷받침하고 있습니다. 혈기 왕성한 청년이 어떻게 죄의 유혹으로부터 자신을 지킬 수 있겠습니까? 시편 119편 9절에서는 바로 이 질문을 던지고 있으며, 바로 뒤 11절에 그

대답이 나옵니다. "청년이 무엇으로 그 행실을 깨끗케 하리이까? 주의 말씀을 따라 삼갈 것이니이다. 내가 주께 범죄치 아니하려 하여 주의 말씀을 내 마음에 두었나이다." 또한 37:31에서는 이렇게 말하고 있습니다. "그 마음에는 하나님의 법이 있으니, 그 걸음에 실족함이 없으리로다."

잠언 7장에 보면, 잠언 기자는 아들에게 다음과 같이 권면하고 있습니다. "…내 말을 지키며, 내 명령을 네게 간직하라. 내 명령을 지켜서 살며, 내 법을 네 눈동자처럼 지키라. 이것을 네 손가락에 매며, 이것을 네 마음판에 새기라.…그리하면 이것이 너를 지켜서 음녀에게, 말로 호리는 이방 계집에게 빠지지 않게 하리라"(1-5절).

그리고 잠언 6장에서는 아들에게 다음과 같이 권면합니다. "내 아들아, 네 아비의 명령을 지키며, 네 어미의 법을 떠나지 말고, 그것을 항상 네 마음에 새기며 네 목에 매라. 그것이 너의 다닐 때에 너를 인도하며, 너의 잘 때에 너를 보호하며, 너의 깰 때에 너로 더불어 말하리니…이것이 너를 지켜서 악한 계집에게, 이방 계집의 혀로 호리는 말에 빠지지 않게 하리라"(20-24절).

사실, 말씀을 마음에 새기라는 내용이 나올 때마다 전후 문맥을 살펴보면, 그것이 육체의 정욕으로부터의 승리, 그리고 하나님의 명령에 순종할 수 있는 능력과 연관되어 있음을 알 수 있습니다. "나의 하나님이여, 내가 주의 뜻 행하기를 즐기오니, 주의 법이 나의 심중에 있나이다"(시편 40:8).

성경 암송은 하나님의 말씀을 섭취하는 여러 가지 방법 가운데 하나입니다. 성경에서는 우리에게 부지런히 하나님의 말씀을 듣고(에스겔 2:8, 3:10, 누가복음 11:28, 로마서 10:17), 읽으며(디모데전서 4:13, 신명기 17:19, 요한계시록 1:3), 공부하고(디모데후서 2:15, 사도

성령으로 충만해짐

행전 17:11), 암송하고(신명기 6:6, 시편 119:9,11, 잠언 7:1-3), 묵상하도록(여호수아 1:8, 시편 1:2-3) 명하고 있습니다.

성경을 공부해 보면, 말씀으로 충만해지는 것과 성령으로 충만해지는 것은 아주 밀접한 관련이 있음을 알게 됩니다. 이 둘은 불가분의 관계가 있습니다. 실제로, 에베소서 5:18-21에 나오는 성령 충만의 결과와 골로새서 3:16-17에 나오는 말씀 충만의 결과를 비교에 보면 서로 같은 것을 알 수 있습니다.

14-17절 성령의 인도를 받음

성령 충만의 증거 가운데 마지막 것은 성령의 인도를 받는다는 것입니다(로마서 8:14). 하나님의 성령은 우리가 내리는 크고 작은 결정에서 우리를 인도해 주십니다. 그리하여 우리는 올바른 선택을 하게 됩니다. 우리는 주님을 따르기로 기꺼이 선택하게 되며, 성령께서는 우리가 그렇게 할 수 있도록 해주십니다.

이것이 성령의 사역에 관한 로마서 8장에서 나중에 설명되고 있기는 하지만, 실제 우리의 삶에서는 아마도 그 반대일 것입니다. 우리는 결단 또는 결심으로부터 시작합니다. 불신자들에게는 이것은 주 예수 그리스도를 개인의 구세주로 믿을 것이냐 말 것이냐 하는 것이며, 그리스도인들에게는 자신의 삶을 성령의 지배하에 맡길 것이냐 말 것이냐 하는 것입니다. 따라서, 예수님을 믿는 자든 믿지 않는 자든, 그 첫 시작은 그 사람 자신의 개인적 결단입니다. 앞서 여러 번 언급한 바 있는 그리스도의 주재권에 관한 결단은 그 뒤에 무엇이 따라야 할지를 결정합니다.

우리는 말씀을 읽고, 말씀을 공부하며, 성실히 경건의 시간을 가질 것을 결심합니다. 그 다음에는 실행합니다. 우리는 자기의 영적 상태에 대해 어떻게 느끼든 성경을 펼치며, 하나님께서 우리 마음에 말씀하시도록 합니다. 말씀을 통해 하나님께서는 우리의 생각을 바꾸어 주시며, 우리의 생각은 행동을 변화시킵니다. 이러한 것이 동시에 일어나지는 않을 수도 있습니다. 그것은 우리가 성령의 음성에 민감하게 순종하는 정도에 좌우되는 하나의 발전 과정입니다.

따라서, 우리는 성령으로 충만한 사람은 성령 안에서 행하며, 성령의 생각을 품으며, 성령의 인도를 따라 날마다 선택을 한다는 결론을 내릴 수 있습니다. 다른 말로 하면, 그가 행하는 것, 그가 생각하는 것, 그가 결정하는 것은 성령의 지배를 받고 있습니다.

이것이 바로 진정한 영성입니다.

제 6 장

예수님을 닮아 감

> *진정한 제자의 삶이란 예수님의 모든 교훈에 순종함으로*
> *예수님의 길을 따라가며 예수님을 닮아 가는 삶이다.*

제이콥 감독은 남인도 교회의 설립자로 알려져 있습니다. 인도가 1948년 영국으로부터 독립하였을 때, 제이콥 감독은 참으로 놀라운 인내력과 이해심을 가지고 다섯 개의 주요 교단 지도자들을 설득하여 하나의 인도 교회를 만들기 위해 애썼습니다. 오늘날 남인도 교회는 인도에서 가장 큰 교회입니다.

그의 생애 말년에 나는 그의 집에 잠시 머무는 영광을 얻었습니다. 첫날 아침 나는 여느 때처럼 경건의 시간을 갖기 위해 일찍 일어났습니다. 차를 한 잔 부탁했더니, 내게 차를 갖다 준 사람이 알려 주기를, 감독님은 지금 벌써 두 시간 동안 기도하고 있는 중이라고 했습니다.

마르틴 루터처럼 제이콥 감독은 늘 아침 식사 전 세 시간 동안 주님과 교제하는 시간을 가지고 있었습니다. 그는 정기적으로 한 시간

예수님과 함께 가는 제자의 길

동안은 개인적으로 경건의 시간을 갖고, 그 다음 한 시간 동안은 가족과 그 집 사람들과 함께 보내고, 그 다음 한 시간 동안은 동역자 및 손님들과 보냈습니다. 거기에는 내가 포함되어 있었습니다. 우리는 함께 성경을 읽고 찬송을 부르며, 구체적인 기도 제목을 가지고 기도하였습니다. 정말 감동적이고 은혜로운 시간이었습니다.

그리고 나서 우리는 아침 식사를 했습니다. 인도 음식과 서양 음식이 함께 나왔습니다. 감독은 여러 가지 이야기를 하면서, 주님의 사역과 그곳 사람들의 관습에 관하여 자신이 경험한 여러 가지를 설명해 주었습니다. 그는 참으로 놀라운 사람이었습니다. 그는 서두르는 법이 없었고, 우리의 필요에 대하여 깊은 관심을 가지고 있었으며, 사람들에 대해 깊은 관심을 가지고 있었습니다. 그는 꾸밈이 없고, 실제적이고, 경건한 사람이었습니다.

아침 식사를 마친 후, 제이콥 감독은 방문객들을 만나기 위해 거실로 나갔습니다. 20-30명이 현관에 줄지어 서 있었습니다. 그들은 한 명씩 들어와 감독과 개인적인 대화를 나누며, 마음에 있는 긴급한 문제들을 털어놓았습니다. 그는 한 사람 한 사람의 말을 자세히 끝까지 듣고, 도움을 주려고 노력했습니다. 때로는 성경 말씀을 들려주기도 하고, 기도를 해주기도 했습니다. 때로는 추천서를 써주기도 했습니다. 때로는 경제적 도움을 주기도 하고, 때로는 상대방을 용서하라고 권하기도 하고, 회개하라고 권면하기도 했습니다. 항상 깊은 관심과 사랑이 넘쳐흘렀습니다.

그리고 나서 제이콥 감독은 여러 모임과 회의에 나를 초대했습니다. 그는 실로 목사 중의 목사요, 감독 중의 감독이었습니다. 그럼에도 불구하고 그는 아주 겸손하고, 꾸밈이 없고, 그리스도를 닮은 사람이었습니다.

예수님을 닮아 감

나는 하나님께서는 각 민족마다 특별한 강점을 주셔서 하나님을 영화롭게 하신다고 생각합니다. 이것은 하나님께서 각 민족들에게 주신 은혜의 선물입니다. 예를 들어, 한국 사람에게는 기도에 대한 열심을, 필리핀 사람에게는 서로에 대한 깊은 사랑을, 중국 사람에게는 참된 제자가 되고자 하는 열망을, 일본 사람에게는 기쁨으로 고난을 참고자 하는 마음을, 미국 사람에게는 땅 끝까지 복음을 전파하고자 하는 마음을, 그리고 인도 사람에게는 예수 그리스도를 닮고자 하는 열망을 주신 것 같습니다.

대학 시절, 나는 우리 교회에 말씀을 전하러 온 분이 마태복음 5-7장에 있는 산상수훈 전체를 암송하는 것을 보고 큰 감명을 받았습니다. 이런 식으로 말씀이 전달될 때 말씀은 아주 귀하고 능력 있게 여겨졌습니다. 언젠가 나도 산상수훈을 암송해야 하겠다고 결심하였습니다.

그 후 2-3년이 지났지만, 나는 이 결심을 실행하지 못하고 있었습니다. 그러던 중 일본의 진주만 공습은 나로 하여금 하나님의 말씀에 대해 적극적인 행동을 취하도록 일깨워 주었습니다. 우리 배는 일본군의 공격 후 제일 먼저 진주만을 떠나기로 되어 있었습니다. 즉시 나는 산상수훈을 암송하기 시작했습니다.

레이더나 기타 경보 장치들이 발달하기 전이라 우리는 매일 저녁 두 시간씩 보초를 서면서 적의 잠수함이 출몰하는지 경계를 해야 했습니다. 나는 보초를 설 때마다 잠망경이 나타나는지 수면 위를 감시하면서 찬송가도 부르고, 산상수훈과 다른 성경 구절들을 암송하고 복습하였습니다.

나는 하나님께서 아주 가까운 곳에 계심을 느꼈습니다. 성경 말씀들은, 특히 내가 산상수훈에서 암송했던 111구절은 내 마음속 깊숙이

예수님과 함께 가는 제자의 길

새겨졌습니다. 그 후 어느 날, 그리스도인인 한 고참이 나에게 말하기를, 오늘날과 같은 "은혜 시대"에는 산상수훈을 그대로 순종할 필요가 없다고 했습니다. 그리고 산상수훈의 교훈은 장차 그리스도께서 다시 오셔서 이땅을 다스리실 때의 행동 표준이라고 하였습니다. 그러면서 그는 그리스도인의 삶은 은혜 아래 있고 율법 아래 있지 않으며, 또한 산상수훈에 나오는 표준들은 너무 높아서 아무도 그렇게 살 수 없다고 했습니다. 그는 마태복음 5:28을 예로 들면서, 모든 남자는 여자에 대하여 마음에 음욕을 품고 있기 때문에 이 말씀대로 살 수가 없다는 것이었습니다.

　나는 그의 말이 그럴듯하게 생각되어 그 말을 받아들이고, 다른 사람들에게도 그렇게 말했습니다. 그런데 그때부터 왠지 예수님의 교훈이 내 삶에 미치는 영향이 줄어드는 것처럼 여겨졌습니다. 내 마음속에서는 타협과 같은 것이 일어났습니다. 예수님의 가르침은 물론 놀라운 것이지만, 그렇게 엄격하게 삶에 적용할 필요가 없다는 생각이 들었습니다. 그러면서 나는 언젠가 그리스도인의 삶에 대하여 성경을 철저히 공부해서 결론을 내려 보겠다고 결심했습니다.

　마침내 나는 결론에 도달하게 되었고, 지금은 확신을 가지고 말할 수 있게 되었습니다. 결론인즉, 간단히 말하면, 예수님께서는 지금이든지 다른 어느 때든지, 자신의 참된 제자들이 복음서에 나타나 있는 윤리적 표준을 따라 살기를 원하신다는 것입니다. 산상수훈과 기타 복음서에 나와 있는 예수님의 윤리적 교훈들은 참된 신자라면 누구나 순종해야만 하는 것입니다.

　예수님의 가르침은 율법과 밀접한 관계가 있습니다. "내가 율법이나 선지자나 폐하러 온 줄로 생각지 말라. 폐하러 온 것이 아니요 완전케 하려 함이로라. 진실로 너희에게 이르노니 천지가 없어지기 전에는 율법의 일점 일획이라도 반드시 없어지지 아니하고 다 이루리라"(마태복음 5:17-18).

예수님은 사역의 초기에 자기는 율법과 선지자를 이루러 오셨다고 분명히 말씀하셨습니다. 그리고 누가복음 24:44에서는 시편도 포함시키십니다. 예수님은 하나님의 아들로서 성경에 계시된 하나님의 뜻을 행하러 오셨습니다(히브리서 10:7). 아들이심에도 불구하고 예수님은 온전히 순종하셨으며(히브리서 5:8), 모든 그리스도인들이 겪게 되는 것과 같은 시험들을 이기셨습니다(히브리서 2:18). 예수님은 율법을 완전히 지키셨습니다. 그리하여 우리 죄를 위한 완전한 속죄 제물이 되셨습니다(요한복음 1:29).

그러면, 예수님의 교훈은 그리스도인의 삶에 어떻게 적용됩니까? 어떤 이들은, 예수님께서 우리를 위하여 율법을 지키셨으므로 율법의 영향력이 그리스도인의 삶에 관한 한 종결되었기에, 그리스도인들은 더 이상 율법을 지키려고 애쓸 필요가 없다고 말합니다. 아마도, 그들의 의도는, 교회의 규칙이나 금지 규정들을 구원의 조건으로 삼는 등 그 당시의 잘못된 가르침을 거부하기 위한 것이었을 것입니다.

하지만 성경에서는 하나님의 자녀들에게 말씀에 계시된 대로 하나님의 법을 지키도록 분명하게 지시하고 있습니다. 물론 구약의 제사에 관한 규칙이나 규례까지도 그대로 지켜야 한다는 것은 아닙니다. 신약성경에 특히 히브리서에 나타나 있듯이 그리스도께서 더 완전하고 더 훌륭한 예배 방법을 도입하셨기 때문입니다. 그러나 하나님의 윤리적 법은 거룩한 삶의 기초가 됩니다. 예수님께서는 이 기초를 허물지 않으셨습니다. 예수님께서는 오히려 그것을 세우시고, 강화시키고, 수준을 더 높이셨습니다. 이 중요한 문제에 대하여 여러 각도에서 살펴봅시다.

예수님과 함께 가는 제자의 길

1. 예수님께서는 율법을 완성하러 오셨지, 폐하러 오지 않으셨습니다(마태복음 5:17-18). 예수님께서는 하나님의 아들로서 천사가 모세의 손을 통하여 준 율법 위에 존재하실 수도 있었습니다(갈라디아서 3:19). 그러나 예수님은 율법 아래서 살기로 택하셨습니다. 왜 그렇습니까? 그분의 유익을 위해서입니까? 아닙니다. 우리의 유익을 위해서입니다(갈라디아서 4:4-5 참조). 율법은 예수님께는 아무 위협도 되지 않았습니다. 예수님의 개인적인 삶의 의로움은 율법의 요구를 훨씬 능가하는 것이었습니다. 예수님은 자기의 참된 제자들을 위한 본으로서 율법을 지키셨습니다. 우리가 진정으로 예수님을 따를 때 우리도 역시 율법을 이룰 수 있습니다.

2. 예수님께서는 자기 제자들이 살아야 할 패턴으로서 율법의 표준을 낮추기를 거부하셨을 뿐만 아니라, 오히려 높이셨습니다. 예수님은 그것을 더 엄하게 하셨습니다. 율법은 행동을 다루지만 예수님은 우리의 생각과 동기까지 다루십니다. 예수님은 마음을 다루십니다. 사람이 예수님을 따르기를 선택할 때, 변화되어야 할 것은 율법이 아니라 그 마음입니다.

3. 우선적으로, 율법의 목적은 우리를 그리스도께로 인도하는 것입니다(갈라디아서 3:21-24). 율법은 율법을 어기는 자들에게는 무서운 것이며(디모데전서 1:8-10), 그 형벌은 중합니다(로마서 6:23). 그러나 우리가 하나님께 우리의 뜻을 굴복시킬 때 우리는 하나님의 계명들이 더 이상 엄한 것이 아님을 발견하게 됩니다. 하나님의 사랑이 우리에게 나타난 바 되었기에 그분의 계명을 지키는 것은 더 이상 무거운 짐이 아니라(요한일서 5:3), 넘치는 기쁨입니다(요한복음 15:11). 실제로, 예수님께서는 무거운 짐 진 영혼들에게 자기 안에서 쉼을 얻으라고 말씀하셨습니다. 왜냐하면, 그분의 멍에는 쉽고, 그분의 짐은

예수님을 닮아 감

가볍기 때문입니다(마태복음 11:29-30).

사람이 그리스도께 나아올 때 그는 새로운 피조물이 되며(고린도후서 5:17), 그의 삶 속에는 놀라운 일들이 많이 일어나기 시작합니다. 성령께서 오셔서 그 사람 속에서 사시며, 하나님의 말씀은 살아 움직이며, 귀한 것이 됩니다. 이것은 하나님의 법을 완전히 새로운 시야로 바라보게 합니다. 하나님의 법은 이제 더 이상 무섭거나 무거운 짐이 아니라, 즐거운 것이 됩니다.

참된 신자들은 항상 그러한 사실을 발견합니다. 시편 기자는 이렇게 말합니다. "내가 주의 법을 어찌 그리 사랑하는지요? 내가 그것을 종일 묵상하나이다"(시편 119:97). 다윗은 하나님께 자기 마음을 살펴 달라고 청합니다. "하나님이여, 나를 살피사 내 마음을 아시며 나를 시험하사 내 뜻을 아옵소서. 내게 무슨 악한 행위가 있나 보시고 나를 영원한 길로 인도하소서"(시편 139:23-24). 많은 구절에서 다윗은 사랑하는 하나님과의 친밀한 교제와 거룩한 동행에 대하여 묘사하며(시편 17:3, 19:13-14), 하나님께서는 그러한 다윗을 "내 마음에 합한 자"라고 말씀하셨습니다(사도행전 13:22).

이처럼 신약성경과 구약성경 둘 다에서 하나님과 교제하면서 거룩함과 기쁨 가운데 하나님 앞에서 행할 수 있었던 신자들의 예를 찾아볼 수 있습니다. 그러나 신약의 그리스도인들은 승리를 위한 또 하나의 자원을 가지고 있습니다. 즉 성령께서 그의 삶 속에 내주하시는 것입니다. 따라서 그리스도인의 삶은 죄책감의 짐 아래서가 아니고 순종의 기쁨 가운데서 영위되어야 합니다. 로마서 8:1에서는 이렇게 말합니다. "그러므로 이제 그리스도 예수 안에 있는 자에게는 결코 정죄함이 없나니."

이어 "그리스도 예수 안에 있는 생명의 성령의 법"(로마서 8:2)이라고 하는 새로운 법 또는 원리를 소개하고 있습니다. 이것은 우리를 죄와 사망의 법 즉 율법의 형벌에서 우리를 자유케 합니다. 그리스도께서 우리를 율법의 형벌로부터 해방하신 것은 우리가 육신을 좇지 않고 성령을 좇아 행할 때 율법의 의를 이루도록 하기 위함입니다. "육신을 좇지 않고 그 영을 좇아 행하는 우리에게 율법의 요구를 이루어지게 하려 하심이니라"(로마서 8:4).

산상수훈에서 예수님께서는 참된 제자들이 살아야 할 표준을 제시하십니다. 이 표준들은 서신서에서도 동일합니다. 우리는 그것을 제자의 법이라고 부를 수 있겠습니다. 그리스도께서는 새로운 삶의 양식을 요구하시며, 이러한 삶을 살 수 있는 자원과 능력을 공급해 주십니다. 다음에 산상수훈에서 제시하는 그리스도인의 삶의 표준에 대해 몇 가지 언급하고자 합니다.

마태복음 5:1-12

예수님께서는 예수님을 닮은 행동을 하는 사람들에게 임하는 축복들을 말씀하심으로 교훈을 시작하셨습니다. 예수님께서는 이러한 교훈을 따라 사는 삶에서 완벽한 본을 보여 주셨습니다.

예수님은 심령이 가난하셨습니다. 하나님의 본체시면서도 예수님은 종의 형체를 가지셨고 십자가에서 죽기까지 복종하셨습니다(빌립보서 2:5-8).

예수님은 애통하셨습니다. "간고(艱苦)를 많이 겪었으며, 질고(疾苦)를 아는 자라.…"(이사야 53:3).

예수님은 온유하셨습니다. "그가 다투지도 아니하며 들레지도 아니하리니, 아무도 길에서 그 소리를 듣지 못하리라. 상한 갈대를 꺾지 아니하며, 꺼져 가는 심지를 끄지 아니하기를 심판하여 이길 때까지

하리니"(마태복음 12:19-20).

예수님은 의에 주리고 목마르셨습니다. "…주의 나라의 홀은 공평한 홀이니이다. 네가 의를 사랑하고 불법을 미워하였으니…"(히브리서 1:8-9).

예수님은 긍휼히 여기는 분이셨습니다. 예수님께서는 간음한 여인에게 "나도 너를 정죄하지 아니하노니, 가서 다시는 죄를 범치 말라"(요한복음 8:11)고 말씀하셨습니다.

예수님은 마음이 청결하셨습니다. "저는 죄를 범치 아니하시고, 그 입에 궤사도 없으시며"(베드로전서 2:22).

예수님은 화평케 하는 분이셨습니다. 예수님은 거역하는 죄인들이 하나님과 화목할 수 있도록 하기 위해 자신의 목숨을 버리셨습니다(로마서 5:8-10).

예수님은 의를 위하여 핍박을 받으셨습니다. 예수님은 우리를 하나님 앞으로 인도하기 위해 의인으로서 불의한 자를 대신하사 우리 죄를 위하여 십자가에서 고난을 당하셨습니다(베드로전서 3:18).

예수님께서는 자신의 가르침에 일치하는 삶을 사셨으며, 제자들은 주님을 따라야 했습니다. 베드로는 우리가 예수님의 자취를 따라 살도록 부르심을 받았다고 했습니다(베드로전서 2:21). 요한은 주님 안에 거하는 자는 주님께서 행하신 대로 행해야 한다고 했습니다(요한일서 2:6). 바울은 또한 우리는 우리 앞에 주어진 본들을 좇아 경건한 삶을 살아야 한다고 했습니다. 그는 육적이고 파당적인 고린도의 그리스도인들에게, 자기가 예수님의 본을 따르는 것같이 그 자신의 삶의 본을 따르라고 했습니다(고린도전서 11:1. 빌립보서 3:17 참조).

갈라디아서 5:22-23에서 바울은 성령의 열매는 사랑, 희락, 화평, 오래 참음, 자비, 양선, 충성, 온유, 절제라고 했습니다. 이러한 것은 예수님께서 마태복음 5장에서 소개하신 것과 닮은 성품들입니다. 우리가 "예수님을 따를 때" 얻는 결과와 "성령 안에서 행할 때" 얻는 결과는 서로 겹친다는 점에 주목하십시오. 이 두 가지는 서로 분리될 수 없습니다.

마태복음 5:13-16

예수님께서는 제자들을 세상의 소금과 빛으로 비유하셨습니다. 소금이란 우리의 성품을 말한다고 생각됩니다. 그리스도인의 행동은 육신의 지배를 받는 사람들의 행동과는 다릅니다. 그리고 달라야 합니다! 환경이 어떠하든, 제자들의 삶은 무미건조하거나 목적이 없는 그런 삶이 아닙니다. 그들의 삶에서는 하나님의 향기가 발합니다. 제자들은 세상의 빛입니다. 우리는 삶과 입술로 증거합니다. 소금은 우리가 살고 있는 삶을 말하며, 빛은 우리가 전하는 메시지를 말합니다. 입을 다물고 있는 증인이 되어서는 안 됩니다. 우리의 메시지는 흑암에 싸인 심령에 빛을 비춰야 합니다.

마태복음 5:17-20

우리는 예수님께서는 율법을 성취하러 오셨지 폐하러 오신 것이 아니라는 데 대해 이미 자세히 살펴보았습니다. 예수님께서는 단지 외적으로 율법을 지키는 정도가 아니라 진정한 마음으로 하나님의 계명들을 지키기를 원하십니다. 그래서 서기관들과 바리새인들이 자신들의 위선적인 관행에 맞도록 율법을 고치고 있는 데 대해 통렬하게 책망하셨습니다. "너희 의가 서기관과 바리새인보다 더 낫지 못하면 결단코 천국에 들어가지 못하리라"(마태복음 5:20).

예수님을 닮아 감

마태복음 5:21-26

제6계명은 "살인하지 말지니라"(출애굽기 20:13)입니다. 누구든지 살인하면 심판을 받게 됩니다.

예수님께서는 사람을 죽이려는 욕망은 마음에서 시작된다는 것을 보여 주십니다. 형제에게 화를 내는 것도 나쁜 것이며, 그를 저주하는 것은 더더욱 나쁜 것입니다. 사실, 형제에게 잘못한 일이 있으면 당신의 예배는 열납되지 않습니다. 먼저 형제와 화목한 다음에야 당신의 예물은 하나님께 받아들여질 것입니다.

마태복음 5:27-32

제7계명은 "간음하지 말지니라"입니다. 유대인들은 행동으로 간음하지 않는 한 범죄하지 않은 것으로 여겼습니다. 서기관들과 바리새인들이 간음한 여인을 예수님께 끌고 왔을 때, 그들은 "선생이여, 이 여자가 간음하다가 현장에서 잡혔나이다"(요한복음 8:4)라고 의기양양하게 말했습니다. 그들이 어떻게 그 장면을 보게 되었는지, 그리고 상대방 남자는 누구인지 궁금합니다.

그 여인을 고소하는 자들은 "여자를 보고 음욕을 품는 자마다 마음에 이미 간음하였느니라"(마태복음 5:28)라는 예수님의 말씀에 비추어 보면 죄인으로 드러납니다. 예수님의 말씀은 모든 남자들의 마음을 강타합니다. 마음까지 순결해야 하기 때문입니다. 육신적인 마음으로부터 온갖 종류의 부정한 생각과 말과 행동이 나옵니다. 자신의 악한 욕망들을 아는 우리는 낙심하여 "난 순결한 삶을 살 수가 없어. 이 말씀대로 살 수가 없단 말이야"라고 하면서 포기하는 경향이 있습니다.

하지만 낙심하거나 포기하지 마십시오. 승리는 가능합니다. 완벽한 승리는 아닐지라도 지속적으로 승리를 맛볼 수 있으며, 주님과의 즐거운 친교를 누릴 수가 있습니다. 그 친교는 죄책감이나 한탄에 의해 손상되지 않은 친교입니다.

그러면 어떻게 청년이 순결한 삶을 살 수가 있습니까? 앞 장에서 이미 언급하였듯이, 시편 기자는 이 질문을 하고는 답도 합니다. "청년이 무엇으로 그 행실을 깨끗케 하리이까? 주의 말씀을 따라 삼갈 것이니이다. 내가 주께 범죄치 아니하려 하여 주의 말씀을 내 마음에 두었나이다"(시편 119:9,11).

예수님께서는 우리 삶의 일부를 이루고 있는 어떤 것들을 버려야 할 것이라고 하셨습니다. 이는 그러한 것들을 버리는 것이 온 몸이 지옥에 던지우는 것보다 더 낫기 때문입니다(마태복음 5:29-30).

이혼에 관한 문제는 자세히 살펴볼 필요가 없을 정도로 결론이 자명합니다.

마태복음 5:33-37

제3계명은 하나님의 이름을 망령되이 일컫지 말라는 것입니다. 유대인 지도자들은 하나님이 아니라, 하나님과 가깝다고 여겨지는 어떤 것, 즉 하늘이나 예루살렘 등으로 맹세하는 습관이 있었습니다. 그것은 그릇된 것이었습니다. 도대체 왜 맹세를 합니까? 그것은 교만이며, 자기를 높이는 것이며, 하나님께 예배할 때만 사용될 수 있는 표현들을 사용함으로 우쭐대며 자랑하는 것입니다. 예수님께서는 정확한 표현들을 사용하며, 겉과 속이 다른 말을 하지 말라고 말씀하십니다.

마태복음 5:38-48

원수를 갚는 것은 어떻습니까? "눈은 눈으로, 이는 이로" 갚아야

예수님을 닮아 감

하지 않겠습니까? 그렇지 않습니다. 우리는 원수들을 사랑해야 합니다. 바울은 로마서 12장의 끝 부분에서 이 주제에 대해 다루었습니다. 원수를 갚지 말고, 도리어 원수가 배고플 때는 먹이고 목말라 할 때는 물을 마시게 해주어야 합니다. 그러나 우리를 부당하게 이용하고자 하는 형제에 대해서는 어떻게 합니까? 우리의 소유를 탈취해 간다면 어떻게 합니까? 그렇게 하게 놔두십시오. 하나님을 신뢰하십시오.

마태복음 6:1-18

이 구절은 구제(救濟)를 하고 기도하고 금식하는 것과 같은 종교적 행위에 있어서의 위선(僞善) 문제를 다루고 있습니다. 사람들의 칭찬을 받으려고 그런 일들을 해서는 안 됩니다. 참된 제자는 위선으로 구제를 하거나 위선으로 기도를 해서는 안 됩니다. 그런 일들은 하나님께 대한 예배 행위로서, 은밀하게 행하여져야 합니다. 또한 믿음으로 행하여져야 합니다. 모든 것을 아시는 하나님께서 흔히 갚아 주실 것입니다.

이른바 주기도문은 우리가 어떻게 기도해야 할지를 보여 주기 위하여 예수님께서 가르쳐 주신 기도의 본입니다. 기도할 때 중언부언하지 마십시오. 진실된 마음으로 그리고 단순하고 솔직하게 기도하십시오. 하나님을 높이고, 하나님께 영광이 되도록 기도하십시오. 물질적인 것뿐만 아니라 영적인 것들을 위해서도 기도하십시오.

마태복음 6:19-34

6장의 나머지 부분은 돈과 소유물에 대하여 다루고 있습니다. 우리의 보화는 땅이 아니라 하늘에 쌓아 두어야 합니다. 우리는 음식과 의복과 같은 매일의 필수품들에 대해서 하나님을 의뢰해야만 합니다.

예수님과 함께 가는 제자의 길

하나님께서 자연을 돌보신다면, 하나님의 나라와 의를 먼저 구하는 하나님의 자녀들을 돌보실 것은 의문의 여지가 없습니다.

마태복음 7:1-5
예수님께서는 다른 사람을 비판하고 자신을 변명하는 우리의 교묘한 습성에 대해 책망하십니다. 우리는 먼저 자신의 마음과 삶을 살펴보아야 합니다. "하나님이여, 나를 살피사 내 마음을 아시며"(시편 139:23). 마찬가지로 외인들을 판단할 때에도 그들을 판단하기 전에 먼저 우리 자신들부터 살펴보아야 합니다.

마태복음 7:6-11
우리는 좋은 선물을 주기를 기뻐하시는 사랑이 많으신 하나님께 믿음으로 구해야 합니다.

마태복음 7:12
이 구절은 다른 사람에게 어떻게 대해야 하는가를 이야기하고 있습니다. 이른바 황금률이라고 불리는 구절입니다. 다른 사람이 당신에게 해주기를 바라는 그대로 당신도 그들에게 행하십시오. 이웃을 당신 자신처럼 사랑하십시오. 이것이 온 율법과 선지자의 가르침의 근본입니다(마태복음 22:37-40).

마태복음 7:13-29
산상수훈을 마치면서 예수님께서는 선택을 하게 하십니다. 항상 두 가지가 있습니다. 순종할 것인가, 불순종할 것인가? 올바른 쪽을 선택하십시오.

예수님께서는 우리 앞에 두 가지 문(넓은 문과 좁은 문), 두 가지 길(넓은 길과 좁은 길), 두 가지 나무, 두 가지 열매, 두 가지 고백, 그리고 두 가지 기초(반석과 모래)를 제시하십니다.

예수님께서는 우리를 제자의 삶으로 초청하시면서, 우리의 삶을 반석 위에 세우며, 예수님의 가르침에 따라 살라고 촉구하십니다.

산상수훈은 자기의 법에 순종하도록 요구하는 왕의 메시지입니다. 왕이 말씀하실 때 선택은 두 가지뿐입니다. 순종이냐, 불순종이냐? 다른 선택은 없습니다. 당신의 계획을 제3안으로 제시할 수도 없습니다. 그것은 불순종입니다.

여러분과 나는 어떻습니까? 우리는 산상수훈에 나타나 있는 예수님의 교훈에 우리 삶의 기초를 두고 있습니까? 우리는 기꺼이 그분의 발자취를 따르며, 그분의 교훈에 순종하고 있습니까?

그때로부터 지금까지 계속 예수님의 말씀은 우리를 참된 제자의 삶으로 부르고 있습니다. 예수님께서 우리에게 가르쳐 주신 것들을 단순히 그대로 순종하십시오. 당신의 길과 하나님의 길, 이 두 가지 길만 있을 뿐입니다. 그리고 두 가지 대답만 있을 뿐입니다. 당신은 기꺼이 예수님을 따르겠습니까? 예, 혹은 아니오? 당신은 결정해야만 합니다.

예수님과 함께 가는 제자의 길

제 7 장

하나님의 약속을 주장함

> *제자의 삶이란 하나님의 감동으로 된 성경의 모든 약속을 믿음으로 주장하는 위대한 모험의 삶이다.*

주일학교에 다니던 시절 나는 다음과 같은 내용의 찬송을 배웠습니다.

　성경책에 있는 모든 약속은 내 것일세.
　한 장, 한 구절, 한 문장, 모두 내 것일세.
　모든 것은 사랑의 하나님께서 내게 주시는 축복.
　성경책에 있는 모든 약속은 내 것일세.

간단한 찬송이지만 참으로 의미심장합니다. 구약성경이든 신약성경이든 성경은, 말씀을 따라 살라는 권면으로 가득 차 있습니다(시편 119편).

하나님의 약속을 주장하는 것은 얼마나 스릴이 넘치고 신나는 모험인지 모릅니다. 모든 성경은 하나님의 감동으로 되었으며, 교훈과 책망과 바르게 함과 의로 교육하기에 유익하기 때문에(디모데후서 3:16), 참된 제자는 하나님의 말씀 안에 있는 모든 약속을 믿음으로 주장할 수 있습니다. 그러나 하나님께서 말씀을 통해 우리에게 주신 그 수많은 위대한 약속들을 주장하는 그리스도인은 너무도 적은 것 같습니다. 우리는 왜 그토록 주저할까요? 우리로 하여금 믿음의 날개를 펴서 우리를 가로막는 문제와 유혹들 위로 날아오르지 못하게 방해하는 것은 무엇입니까? 하나님께서 우리에게 주신 풍성한 자원들을 사용하지 못하는 이유가 무엇입니까? 다음에 몇 가지 핑계들을 제시하고자 합니다. 나는 이러한 핑계들을 이따금 사용했습니다. 당신도 사용한 적이 있을 것입니다.

핑 계

1. "이 구절은 나에게는 해당되지 않는다."

정말 그렇습니까? 그 구절을 누가 말하고 있습니까? 당신입니까? 아니면 하나님입니까? 하나님께서는 디모데후서 3:16에서 이렇게 말씀하고 계십니다. "모든 성경은 하나님의 감동으로 된 것으로, 교훈과 책망과 바르게 함과 의로 교육하기에 유익하니." 하나님의 말씀은 일차적으로 우리의 지식을 증가시키기 위해 주어진 것이 아니라, 우리의 삶을 인도하여 하나님의 사람으로 하여금 온전(성숙)하여지며, 모든 선한 일을 행하기에 철저히 준비되도록 하기 위하여 주어진 것입니다(디모데후서 3:17).

그리스도인이라면 어떤 성경 말씀도 공공연히 부인할 수는 없다는

하나님의 약속을 주장함

것을 알고 있습니다. 그러므로 이러한 유형의 변명은 간접적인 형태를 띠는 경우가 많습니다. 예를 들면, 다음과 같은 식입니다. "이 내용은 구약 시대의 유대인들에게 쓴 것이므로 오늘날 나의 상황에는 해당되지 않는다."

사도 바울은 육적인 고린도 교인들에게 경고하기를, 이스라엘 자손이 광야에서 방황할 때 일어났던 일들은 하나님께서 고린도 교인들의 행위를 어떻게 심판하실 것인지와 직접적인 관계가 있다고 하였습니다. 이스라엘 자손들도 고린도 교인들처럼 하나님의 은혜를 많이 받았습니다. 구름 기둥으로 인도함을 받았으며, 홍해를 건넜고, 하늘의 만나를 먹었으며, 반석에서 나온 물을 마셨는데, 반석은 곧 그리스도이십니다.

이스라엘 자손에게 일어났던 일들은 오늘날의 교회를 위한 본으로서 기록된 것입니다(고린도전서 10:1-11). 이번 경우에는, 이스라엘 자손은 나쁜 본이 됩니다. 그들은 탐욕을 품었고, 다른 신들을 숭배하였으며, 간음을 행하였고, 자기들의 영적 지도자를 중상 모략하였습니다.

바울은 이러한 일들은 옛날과 마찬가지로 오늘날이도 하나님의 무서운 심판을 초래할 것이라고 경고합니다. 하나님의 성품은 변함이 없습니다. 하나님께서는 옛날에 미워하셨던 그것을 지금도 미워하십니다. 옛날에 믿음을 귀히 여기셨던 하나님은 오늘날도 그런 믿음에 상주십니다. 우리는 11절을 특별히 주목할 필요가 있습니다: "저희에게 당한 이런 일이 거울이 되고, 또한 말세를 만난 우리의 경계(警戒)로 기록하였느니라."

하나님의 성령께서는 구약성경을 기록하셔서 이런 식으로 우리에게도 직접 해당되게 하셨습니다. 그러므로 우리 모두는 구약이든 신

예수님과 함께 가는 제자의 길

약이든 성경을 읽을 때, 내가 주장해야 할 약속은 무엇이며, 순종해야 할 명령은 무엇이고, 적용해야 할 진리는 무엇인지를 찾는 일에 깨어 있어야 합니다.

어떤 이는 이렇게 말할지도 모릅니다. "하지만, 오늘날에는 구약 시대와는 아주 다른 새로운 일들이 많이 있지 않습니까?"

다르다고요? 그럴 수도 있겠지요.

새로운 일이라고요? 그런 것은 별로 없을 것입니다.

분명 그것은 하나님께 새로운 일이 아닙니다. 전도서 1:9에서는 이렇게 말하고 있습니다. "이미 있던 것이 후에 다시 있겠고, 이미 한 일을 후에 다시 할지라. 해 아래는 새 것이 없나니."

하나님께서는 진실로 새 일을 행하십니다. 그것은 사람이 할 수 없는 것입니다. 예수님께서 동정녀 마리아의 태 속에 성령으로 말미암아 잉태되었을 때, 하나님께서는 새 일을 행하셨습니다. 하나님께서는 우리에게 새로운 출생, 새로운 이름, 새로운 생명, 새로운 유업을 주십니다. 그리고 우리는 새로운 피조물이 되었으며, 언젠가 새 하늘과 새 땅에 살게 될 것입니다.

또 어떤 사람은 이렇게 말할 것입니다. "하지만, 구약성경에는 유대인의 제사 의식을 위한 법과 성막의 구조와 관리와 같은 것을 다루는 내용이 많은데, 그런 것들은 오늘날의 교회에는 무관하지 않습니까?"

히브리서는 이 문제를 다루고 있습니다. 성막 안에 있는 것들은 하늘에 있는 것들의 모형과 그림자였습니다(히브리서 8:5). 신약 시대에 살고 있는 우리는 구약 시대의 사람들보다 더 잘 이해하면서 하나님을 예배하고 있습니다. 예수 그리스도께서 우리 죄를 위하여 십자가에서 흘리신 보혈로 말미암아 우리는 언제든지 하나님께 가까이

나아갈 수 있게 되었습니다. 하지만 우리가 기억해야 할 것은, 오늘날 우리가 드리는 교회 예배의 형식조차도 주님께서 다시 오실 때까지 하나의 과도적인 것이라는 사실입니다. 그때에는 우리는 직접 주님의 얼굴을 뵙고 주님을 예배하게 될 것입니다.

성막에 있는 것들은 예배에 포함되어야 할 중요한 요소가 무엇인지 우리에게 가르쳐 줍니다. 번제, 소제, 화목제, 속죄제, 속건제 같은 여러 가지 제사들은 그리스도께서 십자가에서 죽으심으로 말미암아 성취된 여러 가지 일들을 잘 보여 줍니다.

구약의 제사 형식들을 통하여 그것들이 구체적으로 표현되지 않았다면 우리는 십자가에서 성취된 것들을 온전히 이해하지 못했을지도 모릅니다. 그것들은 예수님에 대하여 더 깊이 이해하도록 해주며, 우리 예배를 더욱 의미 깊게 해줍니다. 바울은 번제가 주는 교훈을 사용하여 모든 그리스도인들에게 자기 몸을 하나님께 산 제사로 드리라고 권면합니다(로마서 12:1-2). 지혜 있는 사람은 구약성경의 교훈들을 자기 삶에 적용할 수 있을 것입니다. 우리가 성경을 공부하지 않으며, 순종과 믿음이 없어서, 구약성경의 도전과 교훈을 놓치고 있는 것이 아주 많다고 생각합니다.

성경의 진리들을 깨달아 가는 것은 점진적으로 이루어지는 과정입니다. 어떤 특정한 진리에 대하여 성경의 책들을 공부해 나가면 그 진리에 대하여 점점 더 많이 깨닫게 됩니다.

구약성경은 그림자와 모형을 다루고 있습니다. 그림자는 항상 참된 실체를 반영합니다. 모형은 원본을 본뜬 것입니다. 실체는 변하지 않습니다. 그것은 우리의 이해가 자라 감에 따라서 더욱 분명하게 보이게 됩니다. 바울은 우리가 지금은 비록 거울로 보는 것같이 희미하게 보지만 언젠가는 직접 대면하여 보듯이 분명하게 보게 될 것이라고 말합니다(고린도전서 13:12). 진리의 계시는 점진적입니다. 신약성경은 구약성경 위에 세워져 있습니다. 항상 서로 보완적이며, 결코 상반되지 않습니다.

어떤 이는 또 이렇게 말할지도 모릅니다. "하지만, 그 구절을 본문에서 떼어 내어 생각하지 않도록 조심해야 합니다."

물론 그렇습니다. 그 구절을 성경의 다른 부분에 나오는 분명한 진리와 모순되게 적용한다면, 그것은 그 구절을 본문에서 떼어 내어 생각하는 것입니다. 또 우리가 그 구절을 이기적인 목적을 위하여 위선적인 방법으로 사용한다면, 그것은 분명히 성령의 인도를 받고 있는 것이 아닙니다.

예수님께서는 성경 말씀을 위선적으로 사용하는 것을 엄히 꾸짖으셨습니다(마가복음 7:9-13 참조). 마태복음 4:6에 보면, 사탄도 비록 잘못 인용하기는 했어도 예수님을 유혹하기 위해 성경 말씀을 사용했습니다. 매번 예수님께서는 성경 말씀을 인용하여 답변하셨습니다. 성령의 인도함을 따라 구약성경 말씀을 올바르게 인용하심으로써 사탄의 모든 공격을 물리치셨습니다. 예수님께서 사용하신 구절들(신명기 8:3, 6:13, 6:16)은, 이스라엘 자손들에게 주어진 여러 가지 교훈들 가운데서 선택된, 잘 드러나지 않는 구절들이었습니다. 일반적인 그리스도인들이 예수님처럼 이 구절들을 사용할 경우는 거의 없을 것 같습니다. 유대 지도자들은 예수님께서 이 구절들을 문맥 가운데서 떼어 냈다고 느꼈을 수도 있습니다.

바울, 베드로, 야고보 및 기타 다른 사도들이 인용한 성구들을 주의 깊게 살펴보십시오. 성경이 성경을 해석합니다. 거듭 거듭 사도들은, 상당히 다른 상황에 대해 이야기하고 있는 것이 분명한, 잘 드러나지 않는 구절들을 파고들어, 그 구절이 어떻게 목전의 상황에 대해 이야

하나님의 약속을 주장함

기하고 있는지를 성령의 도우심으로 밝혔습니다. 예를 들면, 예수님께서 십자가에 못박히실 때 사람들에 의해 행해진 구체적인 사건들이 어떻게 구약성경, 즉 전혀 다른 상황에서 시(詩), 역사 그리고 예언 등의 서로 다른 형식으로 기록된 구약성경에 기록되어 있는지 한번 살펴보십시오.

솔직히 말해서, 대부분의 사람들은 하나님의 말씀으로부터 너무 많은 것을 끄집어내어 사용하다가 잘못을 범하고 있는 것이 아니라 너무 적게 끄집어내고 있습니다. 많은 경우 우리의 거짓된 마음은 성령께서 우리 양심에 말씀하시는 것을 회피하기 위해 핑계 거리를 찾고 있습니다.

그리고 어떤 문맥이나 어떤 구절의 정확한 의미가 무엇인지를 누가 판단합니까? 어떤 교회나 어떤 학파가 그러한 권위를 가지고 있습니까? 아닙니다. 성경의 저자이신 성령이 바로 성경의 해석자입니다. 그러므로 성경의 정확한 해석을 위해서는 누구든지 성령을 의뢰해야 하며, 성경에 대한 가장 훌륭한 주석은 바로 성경 자체입니다.

사도 베드로는 사도 바울의 어떤 편지들은 이해하기가 어렵다고 공공연히 인정했습니다(베드로후서 3:15-16). 아마도 베드로의 친구들 가운데 그에게 바울의 편지 중 어떤 부분에 대해 해석해 달라고 요청한 사람이 있었을 것입니다. 이해가 잘 안 되는 어떤 성경 구절을 자기 임의로 억지로 풀려고 해서는 안 됩니다. 그럴 때는 기도 가운데 성령께서 깨닫게 해주실 때까지 기다리십시오.

우리는 혹 성경 말씀을 잘못 이해하거나 잘못 사용할 수도 있습니다. 그러나 진지하고, 경건하고, 순종하는 사람은 성령의 인도를 받게 될 것입니다. 이것이 당신이 개인적인 성경공부를 위해 주장할 수 있는 약속들 가운데 하나입니다(요한복음 16:13, 요한일서 2:20). 삶에서뿐 아니라 성경공부에 있어서도 영적인 사람은 모든 것을 판단합니다(고린도전서 2:15).

2. "나는 이 구절을 이해할 수 없다."

순종하기 위해서는 반드시 많이 이해해야 하는 것은 아닙니다. 선지자들도 자신들이 기록하고 있는 것들을 언제나 이해하고 있었던 것은 아닙니다. 하나님께서는 선택된 사람들을 사용하여 어떤 것을 기록하게 하셨지만, 성경을 보면 그들이 기록한 메시지는 그들이 이해하고 있었던 것보다 훨씬 더 크고 심오한 의미를 갖고 있었던 것을 잘 알 수 있습니다. 그리스도에 대해 증언하던 선지자들도 복음에 대해 완전히 이해하지는 못했습니다(베드로전서 1:10-12). 이방인을 위한 사도인 바울은 선지자들에게는 감추었던 것을 하나님께서 자기에게 계시하여 주셨다고 말합니다(에베소서 3:1-9).

예수님께서는 천지의 주재이신 하나님께서 영적인 진리라는 보물을 지혜롭고 슬기로운 자들에게는 숨기시고 어린아이들에게는 나타내시는 것에 대해 기뻐하셨습니다(누가복음 10:21). 하나님께서는 뛰어난 인간적인 명철이나 이해력이 아니라 단순한 믿음을 축복하십니다. 아브라함은 자기의 사랑하는 독자 이삭을 하나님께서 왜 제물로 바치라고 하시는지 이해할 수 없었습니다. 이 아들은 그를 통해 하나님의 약속이 성취될 아들이었습니다. 그럼에도 아브라함은 이삭을 바쳤습니다. 필요하다면, 하나님께서는 이삭을 죽은 자 가운데서 다시 살리실 수 있다는 것을 믿었기 때문입니다(히브리서 11:17-19).

귀를 기울이기만 한다면, 하나님께서는 성경을 통해 우리 마음에 말씀해 주실 것입니다. 그분은 우리에게 개인적으로, 그리고 때로는 특이한 상황 가운데서, 때로는 성경을 공부하는 조용한 시간에, 때로는 낯익은 구절을 통해 말씀해 주실 것입니다. 그러나 성령께서는 때로는 잘 드러나지 않는 어떤 구절을 기억나게 하사 우리의 상황을 위해 특별한 적용을 하게 하실 것입니다. 눈을 멀게 할 정도로 강렬한 빛이 그를 비추자 당황한 사울은 "주여, 무엇을 하리이까?"(사도행전 22:10)라고 물었습니다.

하나님께서 말씀하고 계시는지 어떻게 알 수 있습니까? 예수님께서는 "내 양은 내 음성을 들으며…"(요한복음 10:27)라고 말씀하셨습니다. 우리가 주님의 뜻을 기꺼이 행하고자 한다면, 하나님께서는 그것을 우리에게 밝혀 주실 것입니다(요한복음 7:17). 그리고 하나님께서 자기의 뜻을 우리에게 밝혀 주셨을 때, 우리는 그 "이유"나 "방법"을 꼭 이해해야만 하는 것은 아닙니다. 하나님의 약속들은 이랬다 저랬다 하지 않습니다. 한 말씀 한 말씀이 다 참됩니다. 하나님의 모든 약속은 그리스도 안에서 항상 "예"입니다(고린도후서 1:20). 하나님께서 우리에게 요구하시는 것은 오직 우리의 순종하는 믿음입니다.

3. "이 구절을 주장하고는 싶지만 믿음이 없다.'

우선, 믿음이 없다는 것은 하나님 앞에 용납될 단한 변명 거리가 될 수 없습니다. 탓하고자 한다면, 믿음을 발휘하기를 꺼리는 우리의 태도를 탓해야 합니다. 모든 하나님의 자녀들은 믿음을 소유하고 있습니다.

물론, 우리의 믿음의 성장을 막을 수 있는 여러 가지 것들이 있습니다 - 말씀 섭취의 부족, 기도의 부족, 죄, 불순종, 이기적인 태도, 증오심, 정욕 등. 믿음은 언제나 하나님의 말씀과 연관되어 있습니다(로마서 10:17). 그것은 자아나 개인적인 의지력에 달려 있는 것이 아닙니다. 대개 하나님의 말씀을 공부하고 이해하는 면에서 발전하면 믿음도 성장합니다. 그러나 반드시 그 공부에는 순종이 따라야 합니다. 순종의 행동은 위대한 믿음에 이르는 열쇠입니다. 야고보가 잘 말했습니다. "행함이 없는 믿음은 죽은 것이니라"(야고보서 2:26).

하나님의 약속을 주장했던 사람들의 예

많은 사람들 가운데 세 명만 살펴보겠습니다. 그러나 이 세 사람은 당신이 하나님의 약속들을 주장함으로 믿음의 모험을 시작하도록 격려해 줄 것입니다. 이 세 사람은 나의 믿음의 여행에 깊은 영향을 미쳐 왔습니다.

1. 허드슨 테일러

그는 말 그대로 성경 안에서 산 사람이었습니다. 그에게 있어서 하나님의 말씀은 생생하게 살아 움직이는 실제적인 말씀이었습니다. 하나님의 말씀은 그에게는 없어서는 안 되는 생명과 같은 것이었습니다. 하나님께서는 그 말씀을 통하여 그의 마음에 직접 말씀하셨으며, 이를 통해 그는 영적인 영역에서나 일반적인 영역에서의 크고 작은 모든 일에서 지침을 얻었습니다.

겨우 17세였을 때, 그는 자신의 영적 삶에 일관성이 없다는 것을 깨달았습니다. 그의 부모는 감리교인들이었고, 그는 그린버리가 인도하는 부흥회에 참석했습니다. 주일학교에서 교사가 학생들에게 암송 카드(당시 그들은 그것을 "티켓"이라고 불렀음)를 나누어 주었습니다. 테일러는 에스겔 36:25을 받았습니다. "맑은 물로 너희에게 뿌려서 너희로 정결케 하되…"

그는 누이에게 이렇게 썼습니다. "나는 하나님의 거룩한 말씀에 있

하나님의 약속을 주장함

는 복된 약속들을 붙들고자 합니다! 나의 마음은 이러한 온전한 거룩함을 갈망합니다."

며칠 밤이 지난 후 그는 잠자리에 들기 전에 깊은 번민 가운데 있었습니다. 여러 가지 말씀들이 그가 하나님과 씨름하고 있을 때 마음에 떠올랐습니다: "하나님을 가까이하라. 그리하면 너희를 가까이하시리라"(야고보서 4:8). "화로다, 나여! 망하게 되었도다. 나는 입술이 부정한 사람이요"(이사야 6:5). "당신이 내게 축복하지 아니하면 가게 하지 아니하겠나이다"(창세기 32:26).

그의 전기에 이 밤에 대해 기록되어 있습니다. "그리고 나서, 혼자서 무릎을 꿇고 있을 때 위대한 목적이 그의 안에 자리잡았다. '만약 하나님께서 나를 위해 일하시고, 죄의 권세를 깨뜨리시며, 나의 영과 혼과 몸을 지금부터 영원토록 구원하여 주신다면, 모든 세상적인 생각을 버리고 온전히 하나님께서 원하시는 대로 하리라. 어디든 가며, 무엇이든 행하며, 그러한 삶이 요구하는 어떠한 그난이라도 감수하며, 주님의 뜻과 주님의 일을 위해 온전히 드려지리라.' 이것이 그의 심장의 외침이었다. 아무 거칠 것이 없었다. '오직 하나님께서 나를 구해 주시며, 나로 실족하지 않게 지켜 주시기만 한다면, 아무것도 두렵지 않으리라.'"

그리고 나서 어떤 음성이 들려오듯, 분명한 하나님의 명령이 들려왔습니다: "그렇다면, 나를 위해 중국으로 가라."

나중에 테일러는 중국으로 선교사로 가기 위한 지원서에 이 경험에 대해서 기록했습니다. "나는 그때의 그 느낌을 결코 잊을 수가 없을 것입니다. 말로는 결코 그것을 설명할 수 없습니다. 나는 바로 하나님의 존전에 있음을 느꼈으며, 전능하신 분과 언약을 맺고 있다는 느낌을 가졌습니다. 나의 약속을 철회하고픈 느낌도 있었으나, 그렇게 할 수가 없었습니다. 뭔가가 '너의 기도는 응답되었고, 너의 조건들은 받아들여졌다'라고 말하는 것 같았습니다."

그때부터 그는 중국에서 하나님을 위해 일해야 한다는 확신이 흔들린 적이 없었습니다.

테일러가 7년간의 힘든 세월을 중국에서 보내고 영국으로 돌아왔을 때, 그의 건강은 형편없고 재정은 바닥이 났습니다. 그러나 주님께서는 그가 중국 선교를 확립해야 한다는 생각을 계속 마음에 심어 주셨습니다. 테일러는 그 생각이 너무나 어리석은 것 같아서 떨쳐 버리려고 했으나, 그럼에도 그는 잠언 24:11-12의 힘으로부터 벗어날 수가 없었습니다. "너는 사망으로 끌려가는 자를 건져 주며, 살륙을 당하게 된 자를 구원하지 아니치 말라. 네가 말하기를 '나는 그것을 알지 못하였노라' 할지라도 마음을 저울질하시는 이가 어찌 통찰하지 못하시겠으며, 네 영혼을 지키시는 이가 어찌 알지 못하시겠느냐? 그가 각 사람의 행위대로 보응하시리라."

그가 아무것도 하지 않는다면, 4억의 중국인들이 예수 그리스도의 이름을 한 번도 들어 볼 기회를 갖지 못하고 죽어 가게 한 죄가 있게 될 것입니다. 그는 중국을 위해 뭔가를 해야만 했습니다.

그의 건강을 염려하던 한 친구의 충고를 받아들여 그는 브라이턴에서 휴가를 갖게 되었습니다. 어느 주일날 아침, 교회에서 수백 명의 영국의 예배자들이 소리 높여 예수 그리스도의 이름을 찬양하는 것을 듣고 있던 그는, 수억의 중국인들은 그 이름을 들어 본 적조차 없다는 것을 깨닫게 되자 도저히 자리에 앉아 있을 수가 없었습니다. 그는 교회를 나와서 해변을 혼자서 거닐었습니다. 거기서 그는 하나님의 약속들을 주장했습니다.

역대상 28:20-21을 토대로 하여 그는 자원하는 마음을 가진 숙련된 일꾼들을 보내 달라고 기도했습니다. 그는 경험을 통해 "어떤 일꾼은 자원하는 마음은 있으나 숙련되어 있지 않고, 어떤 사람은 숙련되어 있으나 자원하는 마음이 없다"는 것을 알고 있었습니다. 주님께서 제자들을 둘씩 둘씩 보내셨으므로, 테일러는 하나님께, 2억의 인구가 있고 복음을 전하는 자가 하나도 없는 중국 내지(內地)의 12성(省)으로 갈, 자원하는 마음이 있고 숙련된 24명의 일꾼들을 구했습니다. 그리하여 중국 내지 선교회가 설립되었습니다.

허드슨 테일러는 중국 내지 선교회를 하나님의 약속들 위에 세웠습니다. 그 선교회의 모토가 둘 있었는데, 하나는 "에벤에셀"("여호와께서 여기까지 우리를 도우셨다"-사무엘상 7:12)이요 또 하나는 "여호와이레"("여호와께서 준비하심"-창세기 22:8,14)였습니다. 테일러는 생전에 중국 내지 선교회 하에 거의 1,000명의 선교사들이 중국으로 파송되는 것을 보았습니다. 그들은 모두 하나님의 약속들에 의해 움직이는 사람들이었습니다.

2. 윌리엄 케리

그는 "근대 선교의 아버지"로 불립니다. 그는 잃어버린 자들에게 나아가라는 주님의 명령에 대한 순종에 토대를 두고 선교 사역을 했습니다. 구두 수선공이었던 케리는 가죽으로 세계 지도를 만들었으며, 세계의 잃어버린 자들의 영적 필요들에 대한 정보를 수집하기 시작했습니다. 그는 황폐한 성읍들로 사람 살 곳이 되게 해주시겠다는 이사야 54:1-3의 약속을 종이에 기록했습니다. 그는 예수님을 믿는 자가 하나도 없는 인도에 선교사들을 보내야 하는 필요성에 대해 역설했습니다. 성직자 회의에서 힌두교인들에 대한 그의 마음의 짐을 털어놓자 의장은 짜증을 부리며, "젊은이, 앉게. 하나님께서 이교도들을 회심시키기 원하신다면, 자네나 나의 도움이 없이도 그렇게 하실 걸세"라고 했습니다.

그러나 성경 말씀은 계속 그의 마음에 짐을 느끼게 했습니다. 그는 인도를, 주님에 의해 구속(救贖)될 귀중한 보석들이 밑바닥에 깔려 있는 거대한 구덩이로 비유했습니다. 그는 그의 기도 동역자들에게 "자네들이 밧줄을 붙잡아 준다면, 내가 그 구덩이로 내려가겠네"라고 했습니다. 그래서 그를 기도로 지원해 준 사람들은 "밧줄 붙잡는 사람들"로 불리어졌습니다.

케리는 성경의 약속들을 믿고 의지하는 사람들을 위해 위대한 일들을 행하실 태세가 되어 있는 하나님을 모시고 있었습니다. 그는 자신의 유명한 모토인 "하나님을 위해 위대한 일을 시도하라. 하나님으로부터 위대한 것을 기대하라"를 실행하면서 인도에서 그의 생애를 보냈습니다.

3. 도슨 트로트맨

성경에 있는 약속들을 주장하며 하나님께 큰 것을 구했던 테일러와 케리의 전통을 이어받아 도슨 트로트맨은 네비게이토 사역을 시작하였습니다. 도슨에 이어 네비게이토 선교회의 2대 회장을 역임한 론 쎄니에 의하면, 네비게이토 선교회를 있게 한 중요한 요소가 바로 하나님의 약속을 주장하는 것이었습니다.

목재 하치장에서 일하면서 도슨 트로트맨은 예레미야 33:3에 큰 감명을 받았습니다. "너는 내게 부르짖으라. 내가 네게 응답하겠고 네가 알지 못하는 크고 비밀한 일을 네게 보이리라."

그는 매일 아침 다섯 시에 일어나 이 약속을 주장하며 기도하기로 결심하였습니다. 성경 말씀에서는 두 명이 땅에서 합심하여 하는 기

하나님의 약속을 주장함

도가 능력이 있다고 가르치고 있었습니다(마태복음 18:19). 그래서 그는 다른 사람과 함께 기도하기로 하고 친구에게 함께하자고 했습니다. 그들은 40일 동안 매일 만나 하나님께 "크고 비밀한 것"을 구했습니다. 그들은 자기 지역을 위해 기도한 다음, 그들이 살고 있던 캘리포니아 주 전체로 기도 제목을 확장시켰습니다.

그 후 도슨은 하나님께 미국의 모든 주에서 사람들을 주님께 이끄는 일에 자기를 사용해 달라고 기도했습니다. 그 다음에는 세계 지도를 사용하여 전세계의 200여 나라와 섬들을 위해 기도했습니다. 이 섬들 중의 하나가 바로 타이완이었고, 나중에 네비게이토 선교회는 거기서 사역을 시작하게 되었습니다.

하나님께서는 많은 군인들이 그리스도를 증거하고 성경 말씀 안에서 성장하도록 돕는 일에 네비게이토 선교회를 사용하셨습니다. 어느 날 도슨과 그의 아내는 그 동안 그의 집을 다녀간 사람들의 이름이 적힌 방명록을 보다가 깜짝 놀랐습니다. 미국의 모든 주에서 군인들이 그들의 집을 방문했던 것입니다. 하나님께서는 그의 약속의 일부를 이루셨습니다. 지금도 전세계적인 네비게이토 사역을 통하여 도슨의 기도에 응답하고 계십니다.

나 역시 도슨의 믿음의 결과입니다. 나는 또한 허드슨 테일러의 삶과 사역을 통해 큰 영감을 받았습니다. 두 사람은 성경 말씀에서 약속들을 주장하는 법을 나에게 가르쳐 주었습니다.

신앙 생활 초기에 나는 삶에서 발생하는 문제나 도전들을 해결하기 위하여 성경 말씀을 주장하는 것에 대하여 거의 알지 못했습니다. 해군에서 제대한 후 나는 여러 주 동안 한 군인 병원에 입원해 있었습니다. 나는 팔이 부러졌기 때문에 잘 쓸 수가 없었습니다. 그러나 읽고 공부할 수는 있었습니다. 친구가 나에게 허드슨 테일러의 전기를 보내 주었습니다. 3주 동안 수백 페이지나 되는 그 책을 읽었습니다. 이 책을 너무나 감명 깊게 읽은 터라 나는 하나님께서 나를 중국에서 일할 선교사로 부르셨을 때 즉각 응답할 수 있는 마음의 준비가 되어 있었습니다.

일 년이 못 되어 아주 예기치 않은 방법으로 하나님의 부르심이 있었습니다.

2차 대전 중 나는 네비게이토를 만나 양육을 받았습니다. 나는 영적으로 성장하기 시작하였습니다. 하지만, 전임 선교사로 나가기로 결심하지는 않았었습니다. 대신, 나는 경영학 학위를 취득하기 위해 남부 감리교 대학에 등록하였고, 그러면서 동시에 자동차 대리점을 경영하고 계시던 아버지를 도와 드렸습니다. 그리고 내가 맡은 세 번째 책임이 텍사스 주의 여러 캠퍼스의 네비게이토 사역을 지도하는 것이었습니다. 그렇지만 나는 그보다 몇 주 전인가 주님께 기도하기를, 주님께서 나를 중국이든 다른 어디든 선교사로 보내신다면 이 모든 것은 기꺼이 그만두겠노라고 했습니다.

어느 날 나는 도슨의 전화를 받았습니다. 도슨은 이렇게 말했습니다. "자네가 깜짝 놀랄 수도 있고, 그렇지 않을 수도 있는데, 나는 자네가 중국으로 가기를 원하네." 그는 공산주의자들이 얼마 안 있으면 중국 본토를 차지할지도 모르기 때문에 때가 급하며, 그렇게 되기 전에 내가 중국으로 갔으면 좋겠다고 하였습니다.

수백 명의 새로운 신자들이 상하이에서 그리스도께로 나아오고 있었고, 내가 할 일은 이미 중국어로 번역된 양육 교재들을 사용하여 이 새신자들을 양육하는 것이었습니다. 도슨은 이렇게 물었습니다. "자네, 얼마나 빨리 떠날 수 있나?"

4일 이내에 나는 학교를 그만두고, 아버지를 돕던 일을 중단하고,

하나님의 약속을 주장함

네비게이토에서 맡은 책임들을 다른 사람에게 넘기고, 중국으로 떠났습니다.

그때 의아하게 생각되던 것이 몇 가지 있는데, 그중에 하나가 학업과 직장을 왜 그만두어야 하는가 하는 것이었습니다. 나는 그때 돈을 잘 벌고 있었고, 주님의 사역을 지원하기 위하여 한 달에 몇 백 달러씩이나 헌금하고 있었습니다. 나는 나중에는 훨씬 더 많이 헌금할 수 있게 될 것이라는 것을 알고 있었습니다. 그런데 이제 이 돈벌이를 그만두어야 할 판국이 되었습니다.

그러나 역대하 25:9 말씀이 내게 해답을 주었습니다. "아마샤가 하나님의 사람에게 이르되, '내가 일백 달란트를 이스라엘 군대에게 주었으니 어찌할꼬?' 하나님의 사람이 대답하되, '여호와께서 능히 이보다 많은 것으로 왕에게 주실 수 있나이다.'"

나는 중국으로 가는 비자도 없이 1948년 11월 샌프란시스코에서 배에 올랐습니다. 나는 해군에서 쓰던 배낭에 소지품들을 넣어 어깨에 메었습니다. 나는 신발 한 켤레뿐이었습니다.

배는 5주 만에 필리핀을 거쳐 홍콩에 도착했습니다. 내가 탄 배는 단 12시간 동안만 정박하기로 되어 있었습니다. 나는 여전히 중국으로 들어가는 비자가 없었습니다. 나는 선장에게 내 자리를 하나 예약해 달라고 부탁했습니다. 나는 비자를 얻으러 가야 했기 때문이었습니다.

선장은 웃으면서 말했습니다. "중국 당국은 미국인의 중국 입국을 허용하지 않고 있습니다. 우리는 상하이에서 그들을 실어 나르고 있습니다. 게다가 당신은 해군 조종사 출신입니다. 공산주의자들에게 발견되면 당신은 감옥에 가게 될 겁니다."

그러나 하나님께서는 인도하고 계셨습니다. 그날 오후 내가 상하이로 들어가는 비자를 가지고 돌아왔을 때 선장은 깜짝 놀랐습니다. 나중에 알게 된 사실은, 내가 상하이가 공산주의자들의 손에 넘어가기 전 마지막으로 상하이에 들어간 미국인이었습니다. 3개월 후 상하이는 공산주의자들의 수중에 떨어졌습니다.

샌프란시스코에서 배에 오르기 직전 도슨은 내 위에 그의 손을 얹고, 내가 믿음을 가지며 진실로 세계 비전을 갖게 해달라고 기도했습니다. 그는 이사야 43:19을 인용하였습니다. "보라. 내가 새 일을 행하리니, 이제 나타낼 것이라. 너희가 그것을 알지 못하겠느냐? 정녕히 내가 광야에 길과 사막에 강을 내리니."

처음에는 나는 도슨의 믿음에 많이 의지하였습니다. 나는 그가 나를 위하여 계속 기도하고 있다는 사실을 알고 있었습니다. 그 후 점차 하나님께서는 나에게 하나님만 믿고 의지하도록 가르쳐 주셨습니다.

지난 43년 동안 하나님께서는 나로 하여금 놀라운 믿음의 모험을 하게 하셨습니다. 나는 아시아의 여섯 개 나라에 살면서 4개 국어를 말할 수 있게 되었습니다. 하나님께서는 그분의 약속들을 통하여 나를 붙들어 주셨고, 한 걸음 한 걸음 인도해 주셨습니다.

(제 8 장)

요약 : 제자의 삶의 7단계

오래 전의 일인데, 나는 웨스라는 학생을 양육한 적이 있었습니다. 그는 걸걸한 목소리에 체중이 100kg이나 나가는 고등학교 운동 선수였습니다. 그는 내가 인도하는 금요일 저녁 성경공부에 참석하였고, 우리는 캘리포니아의 롱비치에 있는 기독교 군인 회관에서 개인적으로 만나 교제하였습니다. 그는 열심이었고, 아주 적극적이었습니다. 그는 영적으로 빨리 성장하기를 원했고, 너가 가르치는 방법이 좀 더디다고 생각하는 것 같았습니다.

나는 웨스를 중부 캘리포니아의 흄레이크에서 열린 네비게이토 여름 수양회에 데리고 갔습니다. 어느 날 그는 론 쎄니가 카누를 젓고 있는 것을 보았습니다. 웨스는 론 쎄니의 배에 올라 함께 호수 가운데까지 갔을 때, 평소에 꼭 물어 보고 싶었던 질문을 던졌습니다. "어떻게 하면 제가 영적으로 빨리 성장할 수 있죠?" 론 쎄니는 그를 바라보며 부드러운 어조로 천천히 또박또박 대답했습니다. "웨스, 영적 성장에는 지름길이 없다네."

하나님께서는 자신의 시간표를 가지고 계십니다. 한 사람이 어떻게 제자로 성장하게 됩니까? 최상의 방법은 한 번에 한 단계씩 밟아 나가는 것입니다. 옛 속담에 "천리 길도 한 걸음부터"라고 하였습니다.

앞에서 이야기한 제자의 삶의 일곱 가지 핵심을 7단계로 간단히 표현해 봅시다. 당신이 거듭난 그리스도인이라면, 그 첫 단계는 이미 밟았을 것이므로 계속 앞으로 나아가십시오. 되돌아서지 마십시오. 그리스도를 따르기 위해서는 약간의 값을 치러야 합니다. 그러나 그리스도를 따르지 않게 되면 훨씬 더 많은 값을 치러야 합니다.

단계 1 – 구원 : 새로운 삶의 시작

당신의 죄를 위하여 십자가에서 죽으시고 부활하신 주 예수 그리스도를 개인적으로 믿고 있다면, 당신은 이미 새 생활을 시작한 것입니다. 구속받은 하나님의 자녀로서 당신에게는 놀라운 것들이 예비되어 있습니다. 그리스도 안에서 성장함에 따라 당신은 예수님께서 당신을 위해 해주신 일을 더욱더 깨달아 가게 될 것입니다.

단계 2 – 그리스도의 주재권을 인정함 : 자신을 주님께 굴복함

예수님께서는 당신을 위해 죽으심으로 크신 사랑을 보여 주셨습니다. 당신에게 거저 주어진 그 구원은 하나님의 아들이 십자가에서 피를 흘린 것을 대가로 얻은 것입니다. 예수님께서는 당신을 위해 죽으셨습니다. 그리고 예수님께서는 당신에게 그분 자신을 위해 살도록 요구하십니다. 구원을 얻기 위해서가 아니라, 그리스도에 대한 사랑으로 말미암아 그렇게 살기를 원하시는 것입니다. 그 어느 것을 주고도 구원을 살 수는 없습니다. 예수님의 뜻을 행하는 일에 자신을 전적으로 드리십시오.

단계 3 – 죄로부터의 승리

당신은 얼마 안 있어 영으로는 주님을 따르고자 하나, 육신이 약하다는 것을 발견하게 될 것입니다. 하나님께서는 전에는 당신을 괴롭히지 않았던 어떤 죄들을 깨닫게 하여 주실 것입니다. 그 죄들은 이제 당신을 괴롭힙니다. 하지만, 더 좋은 소식이 있습니다. 당신이 하나님을 기꺼이 의지한다면 당신을 괴롭히는 그 죄들을 이길 수 있다는 것입니다. 예수님께서는 죄의 사슬로부터의 해방을 약속하여 주셨습니다. 사도 바울은 당신이 어떻게 육신의 무서운 권세를 이길 수 있는지를 보여 줍니다. 당신에게는 죄를 섬기지 않기로 선택할 자유가 있습니다.

단계 4 – 기본적인 삶의 훈련 : 훈련을 통하여 열매를 맺음

열매를 맺는다는 것은 놀라운 일입니다. 육적이든 영적이든 생명을 낳는다는 것은 참으로 기쁜 일입니다. 그러나 열매가 풍성한 그리스도인이 되기 위해서는 그리스도 안에서 성숙해야만 합니다. 이 성숙에 이르기 위해서 훈련이 필요합니다. 풍성한 열매를 맺는 네 가지 조건은 성경 말씀을 정기적으로 섭취하며, 꾸준히 기도하고, 지속적으로 경건한 그리스도인들과 교제하고, 믿지 않는 자들에게 복음을 증거하는 삶을 사는 것입니다.

단계 5 – 성령으로 충만해짐

성령으로 충만해지기 위해서는 말씀과 사랑으로 충만해져야 합니다. 로마서 8장에 의하면, 당신의 결정과 생각과 행동이 성령의 지배를 받을 때 당신은 성령 안에서 행하게 될 것입니다. 그렇게 될 때 예수 그리스도의 성품들이 당신의 삶을 통하여 나타나 하나님의 놀라운 은혜를 모든 사람에게 증거하게 될 것입니다.

단계 6 – 예수님을 닮아 감: 계속 예수님과 동행함

그리스도인의 삶은 버스 여행에 비교될 수 있습니다. 당신은 종점까지 타고 갈 수도 있고, 도중의 아무 정류장에서 내릴 수도 있습니다. 많은 사람들이 이미 내렸지만 당신은 계속 타고 갈 수 있습니다. 여기까지 왔다면, 되돌아가지 마십시오. 조금만 더 가면 당신도 바울처럼 말할 수 있습니다. "내가 선한 싸움을 싸우고 나의 달려갈 길을 마치고 믿음을 지켰으니, 이제 후로는 나를 위하여 의의 면류관이 예비되었으므로…"(디모데후서 4:7-8). 예수님께서는 그 여행이 아주 어렵다는 것을 알고 계시며, 단 열 배가 아니라 백 배나 갚아 주시겠다고 약속하십니다. 예수님과 함께하는 여행에는 예수님의 모든 말씀에 순종하는 것이 필요하며, 이를 통해 예수님을 닮아 가게 됩니다. 여행을 계속한다면, 당신은 "더욱 섬길수록 더 귀한 주님"이라는 찬송에 공감하게 될 것입니다.

단계 7 – 하나님의 약속을 주장함: 새로운 전망

하나님의 약속들을 주장해 감에 따라 당신은 새롭고 신나는 믿음의 모험들을 하게 됩니다. 당신은 전에는 알지 못했던 세계를 알게 될 것이요, 전에는 맛보지 못한 새로운 기쁨을 맛보게 될 것입니다. 하나님께서는 당신을 위한 독특한 계획을 가지고 계시며, 당신이 해야 할 일을 마련해 두셨습니다. 그 일은 당신 이외에는 그 누구도 성취할 수 없는 일입니다. 믿음으로 발걸음을 내딛으십시오. 하나님께서 말씀을 통하여 당신의 마음에 말씀해 주시면, 다른 사람이 당신의 행동을 이해하지 못하더라도 순종하십시오. 하나님의 말씀에 귀를 기울이십시

요약 : 제자의 삶의 7단계

오, 하나님께서는 바로 당신에게 말씀하고 계시기 때문입니다. 그리고 하나님께서 오라고 말씀하시거든 그분을 따라가십시오(아가 1:4). 하나님께서는 결코 당신을 떠나거나 버리지 않으실 것입니다. 그리스도인의 삶은 위대한 모험입니다. 똑같은 길을 가는 사람은 없습니다. 여행을 계속할수록 당신은 더 높은 곳으로 올라가게 될 것이요, 계속 새로운 전망을 갖게 될 것입니다. 그리고 하나님을 더 깊고 더 친밀히 알아 가게 될 것입니다.

예수님과 함께 가는 제자의 길

부록 I

그리스도를 믿는 사람들에게 일어나는 일

- 영생을 얻음 – 요한복음 5:24, 요한복음 3:16
- 의롭다 하심을 얻음 – 로마서 3:24, 로마서 3:28, 로마서 5:1
- 하나님과 화목케 됨 – 로마서 5:10, 골로새서 1:20-22, 고린도후서 5:18
- 정죄함이 없음 – 로마서 8:1, 요한복음 3:18
- 거룩하게 됨 – 고린도전서 1:30, 히브리서 10:10
- 완전하게 됨 – 히브리서 10:14
- 구속받음 – 베드로전서 1:18-19
- 우리의 모든 죄를 예수님께서 담당하심 – 베드로전서 2:24, 고린도후서 5:21, 이사야 53:4-5
- 모든 죄를 용서받음 – 골로새서 2:13, 에베소서 1:7
- 모든 죄를 가리움받음 – 시편 32:1-2, 로마서 4:7-8
- 모든 죄가 멀리 옮겨짐 – 시편 103:12, 이사야 38:17, 미가 7:19
- 모든 죄가 도말됨 – 이사야 43:25, 이사야 44:22, 사도행전 3:19
- 우리의 죄를 기억지 않으심 – 이사야 43:25, 예레미야 31:34, 히브리서 10:17
- 모든 죄에서 깨끗케 됨 – 요한일서 1:7
- 어둠의 권세에서 해방됨 – 사도행전 26:18, 골로새서 1:13
- 죽음의 공포에서 벗어남 – 히브리서 2:14-15, 고린도전서 15:54-55

예수님과 함께 가는 제자의 길

- 율법으로부터 해방됨 - 로마서 6:14-15, 로마서 8:2, 골로새서 2:14
- 사탄의 지배에서 벗어남 - 에베소서 2:2
- 하나님의 자녀가 됨 - 요한복음 1:12, 요한일서 3:2
- 아들의 신분을 얻음 - 로마서 8:14-15, 에베소서 1:5, 갈라디아서 3:26
- 하나님의 상속자가 됨 - 로마서 8:17, 에베소서 1:18
- 택하신 백성의 일원이 됨 - 베드로전서 2:9, 이사야 43:21
- 제사장이 됨 - 베드로전서 2:5,9, 요한계시록 1:6
- 하나님의 사신이 됨 - 고린도후서 5:20
- 천국 시민이 됨 - 히브리서 11:13-16, 빌립보서 3:20
- 이름이 하늘에 기록됨 - 누가복음 10:20
- 하늘에 처소가 있게 됨 - 요한복음 14:2-3
- 그리스도의 몸의 지체가 됨 - 로마서 12:5, 골로새서 1:18
- 하나님의 권속이 됨 - 에베소서 2:19
- 성령으로 거듭남(중생) - 디도서 3:5, 요한복음 3:5, 베드로전서 1:3,23
- 성령의 세례를 받아 한 몸이 됨 - 고린도전서 12:13
- 성령으로 인치심받음 - 에베소서 1:13, 에베소서 4:30
- 성령께서 내주하심 - 고린도전서 6:19-20, 로마서 8:9, 요한복음 14:16-17
- 하나님께서 우리 안에 계심 - 빌립보서 2:13
- 하나님의 성전이 됨 - 고린도전서 3:16
- 그리스도께서 우리 안에 계심 - 골로새서 1:27, 빌립보서 1:20-21, 갈라디아서 2:20
- 그리스도 안에서 온전케 됨 - 골로새서 2:9-10

부 록

- 장차 그리스도처럼 영화로운 몸을 입게 됨 - 로마서 8:30, 빌립보서 3:21, 요한일서 3:2
- 택하심을 받음 - 에베소서 1:4-5, 데살로니가후서 2:13, 베드로전서 2:9
- 하나님의 영원한 사랑을 받음 - 예레미야 31:3, 로마서 8:38-39
- 풍성한 삶을 살 수 있게 됨 - 요한복음 10:10
- 새로운 피조물이 됨 - 고린도후서 5:17
- 생명과 경건한 속한 모든 것을 받음 - 베드로후서 1:3-4
- 하나님의 성품에 참여하게 됨 - 베드로후서 1:4
- 하늘에 속한 모든 신령한 복을 받음 - 에베소서 1:3
- 생명 안에서 왕노릇하게 됨 - 로마서 5:17
- 승리하는 삶을 살 수 있게 됨 - 고린도전서 15:57, 고린도후서 2:14
- 하나님의 약속을 주장할 수 있게 됨 - 고린도후서 1:20
- 마귀를 이길 수 있게 됨 - 요한계시록 12:11, 야고보서 4:7-8
- 세상을 이길 수 있게 됨 - 요한일서 4:4, 요한일서 5:4-5, 요한복음 16:33
- 육체의 정욕을 이길 수 있게 됨 - 에베소서 2:3, 로마서 6:12
- 하나님 앞에 담대히 나아갈 수 있게 됨 - 에베소서 3:12, 히브리서 4:16
- 기도 응답을 받을 수 있게 됨 - 요한복음 16:24
- 주님과 교제할 수 있게 됨 - 고린도전서 1:9
- 하나님의 인도하심을 받게 됨 - 시편 48:14, 시편 32:8
- 아무도 우리를 하나님 손에서 빼앗을 수 없음 - 요한복음 10:28-29
-
-

예수님과 함께 가는 제자의 길

(우리가 예수님을 믿을 때 받는 축복들은 이외에도 많이 있습니다. 성경공부를 통해 당신이 발견한 것들을 아래 빈칸에 적어 보십시오.)

부록 II

수레바퀴 예화

균형 잡힌 그리스도 중심의 성령 충만한 삶을 위한 필수 요소

육체적 필수 요소	영적 필수 요소
음식	말씀(딤후 3:16, 수 1:8, 벧전 2:2-3)
호흡	기도(요 15:7, 빌 4:6-7, 히 4:16)
휴식	교제(마 18:20, 히 10:24-25, 빌 1:7)
운동	증거(마 4:19, 롬 1:16, 행 20:24)

(네비게이토 소책자 시리즈 4번 **수레바퀴 예화** 참조)

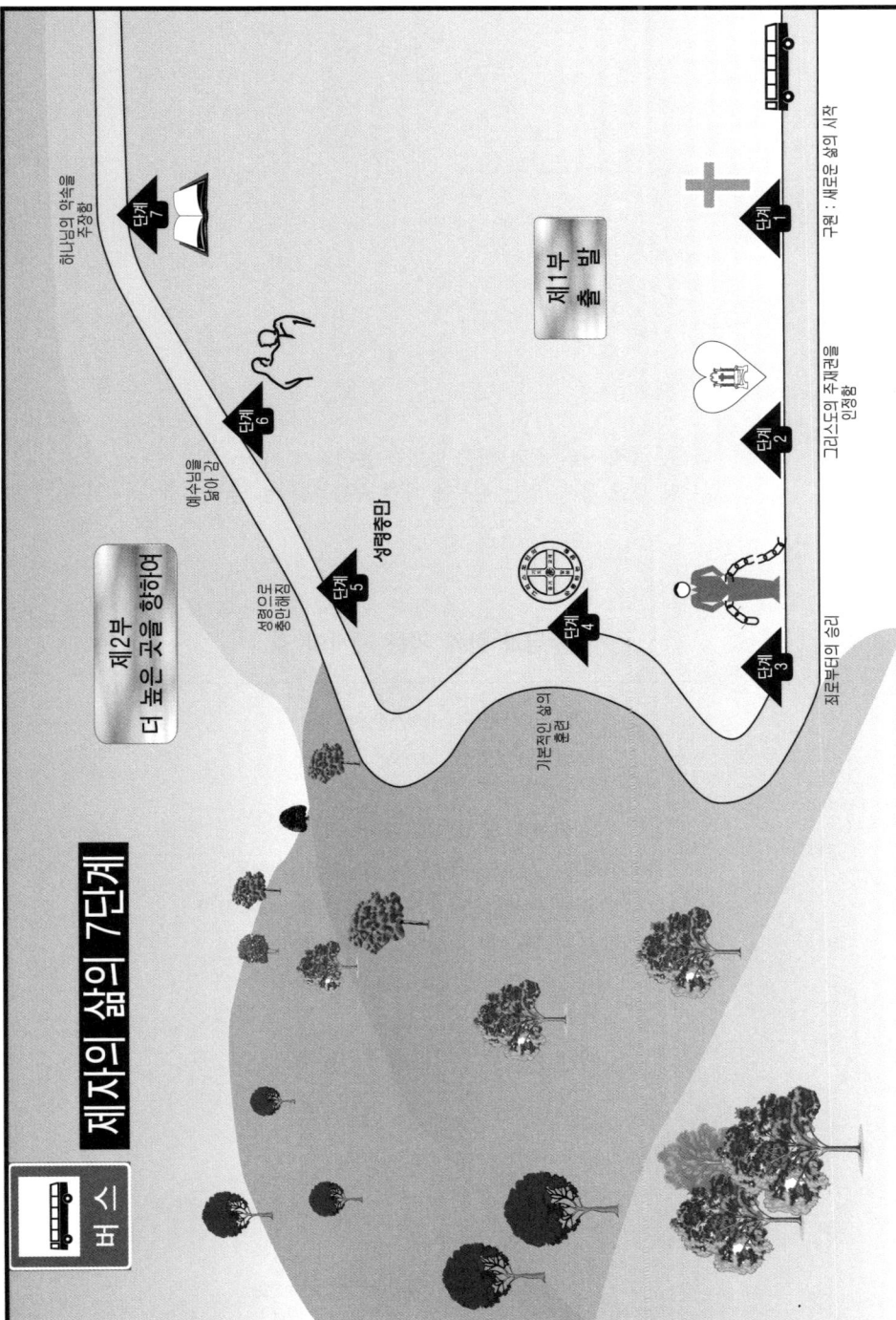

본 출판사의 서면 허락 없이는 본서의 전부 또는
일부의 무단 복제, 또는 원문에 대한 무단 번역을 금합니다.

예수님과 함께 가는 제자의 길

초판 1쇄 발행 : 1997년 8월 1일
초판 5쇄 발행 : 2021년 7월 1일

펴낸곳 : 네비게이토 출판사 ©
주소 : 03784 서울시 서대문구 연희로 16 (창천동)
전화 : 334-3305(대표), 334-3037(주문), FAX : 334-3119
홈페이지 http://navpress.co.kr
출판등록 : 1973년 3월 12일 제10-111호

ISBN 978-89-375-0206-4   03230